中小企業診断士
×
事業承継信託

中小企業診断士

岡内 誠治 著

はじめに

　本書は、「事業承継信託と経営者の認知症対策信託」をテーマにしています。

　平成19年の信託法の改正・施行によって、信託銀行等の独占状態だった信託を一般の法人個人誰もが利用できるようになりました。これは画期的な出来事だったのですが、信託の専門家が信託銀行に偏在していたため、当初は期待されていたほど普及しませんでした。
　ところが、ここ数年、認知症高齢者の後見的財産管理、財産承継において、成年後見制度、相続、遺言より柔軟な対応ができる制度として注目を集めるようになり、講演会は盛況で、マスコミに取り上げられる機会も増加しました。
　そして、中小企業の事業承継及び経営者の認知症対策においても、強く期待されるようになってきています。

　信託は、後見を行う機能と財産を円滑に承継する機能が優れており、認知症高齢者や障がい者を支援する福祉型信託、社会貢献型信託、地域再生型信託、飼い主亡き後にペットなどの世話をする目的の信託等、幅広い分野で利用されています。
　そのため、既に出版されている信託に関する書籍は、信託について網羅的な説明をしているものが中心で、中小企業の事業承継等に内容を絞り込んだものはほとんど見当たりません。
　中小企業の事業承継等に関係のない情報も多く含まれており、それらを読んでも、特殊なカテゴリーに属する事業承継信託等を正確に理解することは難しいものです。
　筆者のように信託を職業としてきた読者であれば、適切な取捨選択は可能なのでしょうが、初めて信託を学ぶ場合、無用な混乱を与えてしまい「信託はいい制度らしいが、難しくてわかりにく

3

いもの」と中途挫折の原因にもなっています。

　このような問題を解決したいと考え、中小企業の事業承継等に特化した本書を出版することにしました。

　第一の読者として中小企業経営者及び関係者を想定し、第二の読者として、中小企業診断士及び他士業、商工会議所、商工会、事業承継・引継ぎ支援センター、中小企業１１９、よろず支援拠点、金融機関、生命保険会社、不動産会社等で、事業承継のコンサルティングをしている方を想定しています。

　現在、信託は急速に普及してきていますが、従来の方法と比較して、コストもリスクも下げることができ、自由設計も可能な信託を知れば、利用したいと考える中小企業関係者は、今後一層増えるものと予想されます。

　組織化され事務能力も兼ね備えている中小企業関係者は、信託の最適ユーザーです。コロナで事業承継と認知症への対応が停滞しているかもしれませんが、経営者は確実に年齢を重ねており、これらへの対応は待ったなしです。

　多くの方が信託を利用して、メリットを享受されることを心から願っています。

　　令和３年 11 月

　　　　　　　　　　　　　　　　　　　　　岡内　誠治

目次

第8章 その他の信託の活用事例 ……………………249

第1章

事業承継問題

1 事業承継問題

（1）事業承継の現状

ア　65歳以上経営者の割合と引退年齢

　中小企業庁「経営者のための事業承継マニュアル」によると、65歳以上の経営者は全体の約4割を占め、平均的な引退年齢が67歳〜70歳であることを考慮すると、今後多くの中小企業が事業承継のタイミングを迎えると予想されます。

イ　廃業予定の経営者が半数

　全国約4,000社の中小企業経営者に対して行ったアンケート調査では、60歳以上経営者の50%が「廃業予定」と回答しています。

　廃業理由は「当初から自分の代でやめようと思っていた」が38.2%を占めるのですが、「子どもに継ぐ意志がない」12.8%、「子どもがいない」9.2%、「適当な後継者が見つからない」6.6%と続き、後継者不在が合わせて3割近くに達しています。

　一方、廃業予定と回答した中小企業のうち、40%超が「事業の維持、成長は可能」と回答しており、後継者を確保できずに廃業を選択せざるを得ない状況に陥っています（中小企業庁「経営者のための事業承継マニュアル」より）。

（2）事業承継期間と開始年齢

　事業承継には平均5年から10年はかかると言われています。引退年齢70歳弱から逆算すると、60歳前後で事業承継を開始したいところです。10年間は長い期間ですが、事業承継は日常的な経営の追加業務となります。日々の業務対応に追われて、気が付いたら10年経過していることもよくあることです。

　事業承継への取組は早ければ早いほどよく、事業承継計画を策定し、着実な実行が求められます。

2　経営者心理に合う信託

（1）経営者心理

ア　急ぎにしてしまった案件

　経営者をしていると、取引先や従業員から「急ぎの案件」と言われて、急かされることが多々あるかと思います。

　中には本当に急ぎの案件もあるのですが、大半は「急ぎにしてしまった案件」で、強制力が働いて動き始めるものです。

　事業承継でも急ぎの案件があります。しかしながら、本当の急ぎの案件は、経営者が若くして急逝した事例などに限られ、ほとんどが「急ぎにしてしまった案件」です。

イ　経営者の引退

　事業承継は経営者の引退が条件になります。いつかは引退することはわかっていても、引退時期を自分で決めることにはエネルギーを使います。

　経営者を引退することは権力を失うことです。権力を失いたくない気持ちは多くの経営者が持つもので、特別なことではなく、ときには、先代社長が現社長を解任して社長に復帰したり、先代社長と現社長が鋭く対立したりすることが起こったりします。

　引き継がなければならないのは、頭で理解していても、引き継ぎたくない感情が勝り、経営者心理は本当に複雑になるのですが、このような心理を周囲の人は理解してくれません。むしろ無理解なのが普通です。

　そうすると、経営者には先送りの気持ちが働き、「目の前のことが忙しすぎて、事業承継を考える余裕がない」といった先送りを正当化する理由に頼りがちになります。

（2）信託を利用した事業承継

ア　事業承継の後戻りが可能

　このような経営者心理に、完全に応えることはできないかもしれませんが、信託を利用した事業承継では、「後戻り」が可能になります。

　「事業承継は後戻りできないから、先送りする。」のではなく、「後戻りできるから、まず着手してみる。」ができます。

　例えば、後継者の変更が生じた場合、既に後継者に自社株式を生前贈与してしまっていると、さまざまな問題が生じます。自社株式を一旦保有すると、その株式をどう処分するかは、後継者の判断になります。後継者が素直に返してくれればいいのですが、手放さない可能性があります。うまく返してくれたとしても、新たな贈与として贈与税負担が発生します。

　信託を利用すると、このようなことを回避でき、現経営者が自社株式を取り戻せる設定が可能になります。

イ　経営者の万が一への備えができる

　信託では、現経営者の突然の死亡や判断能力喪失に備えることができます。

　いくら、生涯、社長であることにこだわっていても、生身の人間なので、万が一の事態は発生します。その時に、本当に何も対策をしていないと、経営の空白が生じます。

　信託を利用すると、現経営者が社長の地位を維持しながら、万が一の事態に備えることができます。

（3）信託で「急ぎにしてしまうことを防ぐ」

　信託法は民法の特別法ですが、信託は、民法では認められていないことを可能にします。

　事業承継で、猶予が欲しい場合や後戻りを許容して欲しい場合には、信託を利用することで、柔軟で臨機応変な対応ができます。

人間は、白黒はっきりさせる決断をかなり追い込まれてからしか実行しません。決断にはリスクを伴うことを学習しており、不安から逃れるために、先送りできるものはできるだけ先送りするように行動するからです。

　結果、急ぎにしてしまった案件、手遅れ案件が多発するのですが、信託を利用することで、このようなことを防ぎつつ、最終決断までの時間を確保することができます。

第2章

信託の基本

1 信託の歴史

（1）十字軍遠征

　信託の原型は、ヨーロッパでの十字軍遠征における出征兵士の家族を守る制度にあるという説があります。

　出征兵士となった貴族階級は、領地など全財産を置いて戦地に赴きました。当時、残された家族には財産を管理する権限がなかったので、領地から税を徴収し、財産を管理する権限を持つ人を決めておく必要がありました。

　出征兵士（委託者）は、強い信頼関係がある友人（受託者）に財産の管理を託し、家族（受益者）を扶養してもらいました。

　友人に財産の「名義」を移すものの、「権利」は家族にあります。

　さらに、出征兵士が戦死しても信託は終了せず、友人が財産を管理し、得られた利益を兵士の家族に渡し続けました。

図表2-1　信託の原型

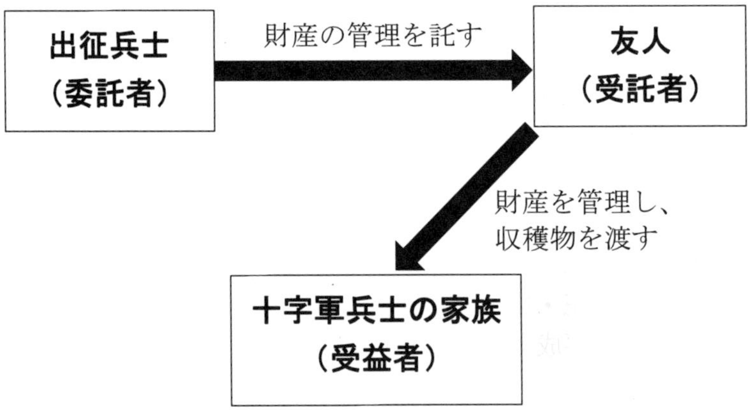

26

（2）日本での歴史
ア　信託法制定
　日本では、空海が寺院を作るための寄付を募る際に、信託制度に似た集金方法をとったと言われていますが、信託法が制定されたのは約 100 年前の大正 11 年（1922 年）です。

イ　信託受託残高
　現在、信託は金融の世界で非常に便利な仕組みとして活用されており、令和 2 年 9 月末の信託受託残高は 1,300 兆円に達しています（一般社団法人信託協会資料）。

ウ　身近な信託
　よく聞く信託には投資信託があります。
　年配の方は信託銀行のビッグ、ヒットという信託商品を記憶されているかもしれません。
　信託は投資や貯蓄を身近なものにしてきた歴史のある仕組みです。

エ　信託銀行中心の運営
　ただ、信託は信託銀行を中心に運営されていたこともあり、信託銀行に勤務したことがある人や、不動産、年金関係の職業につかれた人以外には、馴染みのない制度でもありました。

（3）新信託法
ア　信託法の改正・施行
　大きな転機は平成 19 年に訪れました。
　80 年以上にわたって実質的に変更がなかった信託法の改正・施行で、信託業の免許を持たない一般の法人個人誰もが、信託を利用できるようになりました。

イ　すぐには普及しなかった信託

　これは画期的な出来事だったのですが、すぐには普及しませんでした。

　理由の一つに、信託の専門家が少なすぎたという事情が挙げられます。専門家は、都市銀行、地方銀行行員などと比較して非常に少数の信託銀行社員しかいませんでした。

ウ　今後の信託

　すぐには普及しなかった信託ですが、信託法改正後 10 年経過したころから認知度が上がり、マスコミでも取り上げられるようになりました。

　今後は、中小企業での利用が増えるのは間違いないでしょう。事業承継をはじめ、中小企業のさまざまな問題には、長期的視点からの対策が求められるのですが、長期的な財産管理制度である信託との相性がいいからです。

2　信託の定義と目的

（1）信託の定義
　財産の所有者（委託者）が、信頼できる人（受託者）に財産を移転し、一定の目的（信託目的）の達成のために、信託財産の管理・処分等をしてもらい、信託財産に係る給付を受ける権利等（受益権）を定められた人（受益者）が有する財産管理の制度です。
　信託法では「特定の者が一定の目的に従い、財産の管理又は処分及びその他の当該目的の達成のために必要な行為をすべきものとすることをいう（信託法2条1項）。」と定義しています。

（2）信託の目的
ア　財産管理目的
　① 自社株式の管理
　② 事業用資産の管理

イ　後見的な財産管理目的
　① 現経営者の認知症対策
　② 法定後見制度の代替、任意後見制度の補完・代替

ウ　財産の承継目的
　① 相続、遺言、生前贈与の補完・代替
　② 財産の確実な承継と争族になりやすい遺産分割協議の回避

エ　財産承継の連続目的
　① 自社株式の連続承継
　② 先祖代々の財産の連続承継

オ　共有対策目的
　共有の回避と解消

3　信託関係人

（1）信託関係人

　信託の当事者は委託者、受託者、受益者です。

　受益者を保護し受託者を監督するために、信託監督人、受益者代理人を選任します。

図表2-2　信託関係人（信託契約により信託した場合）

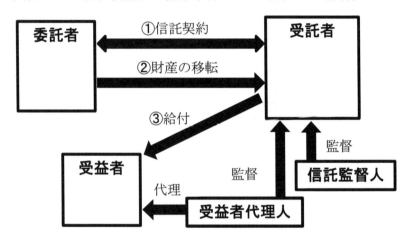

① 信託契約

　委託者が受託者と信託契約を結びます。

　財産の名義は受託者に移り、受託者は信託目的の達成のために、信託財産の管理・処分等を行います。

② 財産の移転

　委託者から受託者に財産を移転します。

③ 給付

　受益者は信託財産に係る給付を受けます。

（2）委託者

　信託をする者（信託法2条4項）で、信託財産のもともとの所有者です。

　信託の発起人で最初の主役ですが、信託の発効後に財産の管理・処分権限等は受託者に移り、信託財産に係る給付を受ける権利は受益者に移ります。

　主役の座を受託者と受益者に譲るのですが、「委託者が主役にならなくてもよくなる」が適した表現です。

　事業承継信託では、主に現経営者が委託者になります。

（3）受託者

　信託行為の定めに従い、信託財産に属する財産の管理又は処分及びその他の信託の目的の達成のために必要な行為をすべき義務を負う者です（信託法2条5項）。

　信託設定後、信託を動かしていく主役となり、事業承継信託では後継者がなることが多くなります。

　なお、専門職（中小企業診断士、弁護士、司法書士、行政書士、税理士、公認会計士等）が受託者になることは、信託業法に抵触する可能性が高いと考えられています（信託業法3条、2条1項・2項）。

（4）受益者

　受益権を有する者（信託法2条6項）で、信託から生じる経済的利益を享受する信託財産の実質的な所有者です。

　信託財産そのものではなく、受益権という権利を取得します。

　例えば、自社株式の信託では、自社株式そのものではなく、配当金や株式売却代金から必要経費を控除した金額相当額を信託利益として得る権利を有します。

　事業承継信託では後継者と、後継者以外の相続人がなることが多くなります。

（5）信託監督人、受益者代理人

受益者保護のために設けられた信託関係人です。

ア　信託監督人

受益者のために受託者を監視・監督する者で、受益者自身で受託者を監視・監督することが困難な場合などに選任します。

受益者のために自己の名をもって、受託者を監督する権利（一部除外）に関する一切の裁判上又は裁判外の行為をする権限を有します（信託法132条1項、92条）。

イ　受益者代理人

受益者の代理人であり、その代理する受益者のために受益者の権利を行使する者で、受益者が意思表示をするのが難しい場合、複数の受益者の権利を統一行使したい場合等に選任します。

その代理する受益者のために、当該受益者の権利（責任の免除に係るものを除く）に関する一切の裁判上又は裁判外の行為をする権限を有します（信託法139条1項、42条）。

なお、受益者代理人に代理される受益者は、受託者を監督する権利及び信託行為において定めた権利を除き、その権利を行使することができません（信託法139条4項、92条）。

4　信託の方法

（1）信託の方法
　信託は、次に掲げる方法のいずれかによってすることができます（信託法3条）。
① 信託契約
② 遺言
③ 自己信託
　なお、信託を設定する法律行為を「信託行為」といいます（信託法2条2項）。

（2）信託契約
ア　設定方法
　最も利用される方法で、委託者と受託者が、次の①②の旨の契約（信託契約）を締結する方法です（信託法3条1号）。
① 受託者に対し財産の譲渡、担保権の設定その他の財産の処分をする旨
② 受託者が一定の目的に従い、財産の管理又は処分及びその他の当該目的の達成のために必要な行為をすべき旨

イ　効力の発生
① 原則
　信託契約の締結によって、その効力を生じます（信託法4条1項）。

図表2-3　信託契約

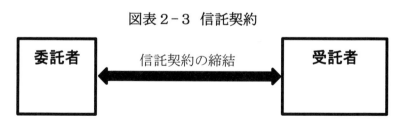

② 例外

　信託契約に停止条件又は始期が付されているときは、当該停止条件の成就又は当該始期の到来によってその効力が生じます（信託法4条4項）。

（a）停止条件付の法律行為

　法律行為の効力の発生が、将来の不確実な事実の発生（停止条件）にかかっている場合で、その停止条件が成就した時から、その効力を生じます（民法127条1項）。

例 委託者に法定後見の開始の審判の申立てがあったとき

（b）始期付の法律行為

　法律行為の効力の発生が、将来の確実な事実の発生（始期）にかかっている場合で、その始期が到来した時から、その効力を生じます（民法135条1項）。

例 令和〇年〇月〇日より

ウ　公正証書による契約

　委託者と受託者の意思表示の合致だけで成立する諾成契約で、口頭でも成立しますが、通常は契約書を作成します。

　金融機関で金銭を管理する信託口座を開設する時に、公正証書による信託契約書の提示を求められることが多いので、公正証書で契約を行います。

　公正証書は、法律実務の経験豊富な公証人が作成する公文書で原本は公証役場で保管され、いつでも謄本等の交付請求が可能です。

エ　メリット

　現経営者が委託者、後継者が受託者になることで、委託者が生きているうちに信託を開始でき、さまざまな手続きを受託者に引き継げます。

（3）遺言　（遺言信託 [1]）

ア　設定方法

　委託者が、次の①②の旨の遺言をする方法で信託を設定します（信託法3条2号）。

① 受託者に対し財産の譲渡、担保権の設定その他の財産の処分をする旨

② 受託者が一定の目的に従い、財産の管理又は処分及びその他の当該目的の達成のために必要な行為をすべき旨

イ　効力の発生

① 原則

　委託者が死亡し、遺言の効力の発生によって、信託の効力が生じます（信託法4条2項）。

図表2-4　遺言信託

② 例外

　遺言に停止条件又は始期が付されているときは、当該停止条件の成就又は当該始期の到来によって、信託の効力が生じます（信託法4条4項）。

---

1 信託銀行や銀行に「遺言信託」という名称の商品があります。遺言書の作成支援、預かり、遺言執行のサポートをするもので、信託法による遺言信託とは異なるものです。

ウ　公正証書遺言

　公正証書遺言、自筆証書遺言、秘密証書遺言で信託設定できますが、検認手続きや真正に作成されたかの争いを避けるために、公正証書遺言を利用します。

エ　デメリット

① 受託者が引受けをしない、できない

　受託者として指定された者が、信託の引受けをしなかったり、死亡などの理由で引受けをできなかったりして、信託を開始できないことがあります。

② 受託者教育が不十分

　受託者教育の機会がなく、受託者がいきなり実務を開始することがあります。

③ 認知症対策にならない

　委託者（現経営者）の死亡時まで効力が発生せず、認知症対策になりません。

④ 成年後見人による財産の売却

　委託者に専門職の成年後見人が選任された場合、全財産の処分権を有する成年後見人が信託財産を換価処分することがあり、遺言信託が台無しになることがあります。

⑤ 公正証書遺言作成時に受託者が証人又は立会人となることができない

　推定相続人及び受遺者並びにこれらの配偶者及び直系血族は、遺言の証人又は立会人となることができません（民法974条）。

　遺言信託においても、受託者として指定された者がこれらに該当する場合は同様の扱いになります。

オ　遺言信託を利用するケース

　信託を確実に開始でき、委託者の認知症対策にもなる信託契約を優先して利用しますが、委託者死亡時の全財産を特定することができないので、全財産に信託設定することはできません。

　死亡時の全財産に信託設定したいときには、主な財産に信託契約で信託設定しておき、残りの財産は遺言信託でカバーします。

（4）自己信託

　信託法改正で、平成20年から利用できるようになった新しい信託の方法です。

ア　設定方法

　委託者が自身を受託者（委託者＝受託者）とし、自己の有する財産を受益者のために管理又は処分等する旨を公正証書その他の書面又は電磁的記録で意思表示して、設定する方法です（信託法3条3号）。

　「信託とは、自己の財産を信頼できる別の人に移転し、管理・処分等をしてもらい、その財産から生じる利益を自分自身又は受け取って欲しい人に渡す仕組み」という従来の信託とは異なる方法で、委託者の単独行為による信託設定となります。

イ　効力の発生

① 原則

　次の区分に応じて、信託の効力を生じます（信託法4条3項）。

（a）公正証書又は公証人の認証を受けた書面若しくは電磁的記録（公正証書等）によってされる場合

　公正証書等の作成によって、信託の効力を生じます。

（b）公正証書等以外の書面又は電磁的記録によってされる場合

受益者となるべき者として指定された第三者に対して、確定日付のある証書で、当該信託がされた旨及びその内容の通知を行うことによって、信託の効力を生じます。

② 例外
停止条件又は始期が付されているときは、当該停止条件の成就又は当該始期の到来によって、信託の効力を生じます（信託法4条4項）。

ウ　スキーム

図表2-5　自己信託
委託者＝受託者

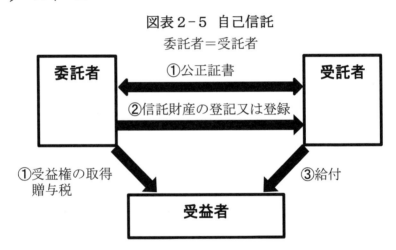

① 公正証書
公正証書の作成によって、信託の効力を生じます。
受益者が受益権を取得し、贈与税が課税されます。

② 信託財産に属する財産の登記又は登録
信託の登記又は登録制度がある財産（不動産）は信託の登記又は登録を行います。
信託の登記又は登録をしなければ、当該財産が信託財産に属することを第三者に対抗することができません（信託法14条）

③ 給付
　受益者は信託財産に係る給付を受けます。

エ　デメリット
① 認知症対策にならない
　委託者兼受託者（現経営者）が認知症になると、信託が機能しなくなります。

② 債権者詐害
　委託者兼受託者が、財産隠匿、強制執行逃れ等に悪用し、債権者を害するおそれがあります。

オ　委託者が受益者を兼ねる自己信託
　委託者兼受託者（現経営者）が受益者も兼ね、委託者=受託者=受益者で開始させることも可能です。
　ただし、受託者が受益権の全部を固有財産 [1]で有する状態が、１年間継続したときに信託は終了します（信託法163条２項）。
　終了を回避するために、１年以内の受託者交代又は後継者などの受益権取得が確定していなければなりません。

カ　自己信託を利用する事例
　事業承継信託では、原則自己信託を利用しません。
　例外的に信託設定を先行させる特別な事情があり、後継受託者がいる場合に利用を検討します。
　例えば、高齢である現経営者の健康上の理由で、信託設定を急ぐにもかかわらず、受託者が確定しない場合に、自己信託で設定を先行し、設定後に受託者を確定させる場合が考えられます。

1　「固有財産」とは、受託者に属する財産であって、信託財産に属する財産でない一切の財産をいいます（信託法２条８項）。

5 信託財産

（1）信託財産

ア　定義

　受託者に属する財産であって、信託により管理又は処分をすべき一切の財産です。（信託法2条3項）

　形式的には受託者に属しますが、信託財産から生じる利益は受益者が受けるので、実質的には受益者に属します。

イ　受託者の義務と権限

　受託者は、信託財産に属する財産の管理又は処分及びその他の信託の目的の達成のために必要な行為をすべき義務を負う（信託法2条5項）と同時に権限も有しますが、その権限に制限を加えることができます（信託法26条）。

（2）信託できる財産、信託できない財産

ア　信託できる財産

　次の要件をすべて満たすものです。

① 金銭的価値に見積もることができるもの

② 積極財産（プラスの財産）

③ 委託者の財産から分離して、管理・処分等が可能なもの

イ　信託できない財産

　次のものは信託することができません。

① 委託者の生命、身体、名誉等の人格権

② 債務等消極財産（マイナスの財産）

ウ　事業承継信託の財産

　金銭、不動産、動産、自社株式、自社への貸付債権、知的財産権、有価証券等が候補になります。

（3）信託財産の範囲

　信託行為において、信託財産に属すべきものと定められた財産のほか、信託財産に属する財産の管理、処分、滅失、損傷その他の事由により受託者が得た財産等も信託財産になります（信託法16条）。

　例えば、①賃貸不動産が信託財産である場合の賃料、売却代金、②自社株式が信託財産である場合の配当金、売却代金、③金銭が信託財産である場合に購入した財産です。

6 信託財産の分別管理

（1）分別管理義務と方法

　信託財産は委託者から受託者に移転し、名義も移りますが、受託者は信託財産に属する財産と固有財産及び他の信託の信託財産に属する財産を分別して管理する義務があります（信託法34条1項）。

ア　信託の登記又は登録をすることができる財産
① 不動産、有価証券

　登記又は登録をしなければ、権利の得喪及び変更を第三者に対抗することができない財産については、信託の登記又は登録をしなければ、当該財産が信託財産に属することを第三者に対抗することができません（信託法14条）。

　分別して管理する方法について、信託行為に別段の定めがあるときは、その定めるところによる（信託法34条1項ただし書）とされていますが、信託の登記又は登録をする義務は、免除することができません（信託法34条2項）。

② 自社株式

　信託財産に属する旨を株主名簿に記載し、又は記録します。株主名簿に記載し、又は記録しなければ、当該株式が信託財産に属することを株式会社その他の第三者に対抗することができません（会社法154条の2第1項）。

イ　信託の登記又は登録をすることができない財産
① 金銭

　その計算を明らかにする方法によって、分別して管理しなければなりません（信託法34条1項2号ロ）。

　実務では信託専用口座である受託者名義の信託口座を作ります。信託口座には、委託者、受託者の債権者が強制執行等をできな

いこと、破産財団等に属さないこと、委託者、受託者の死亡で口座が凍結されないことが求められます。

　現在、これらの機能を具備した信託口座を提供してくれる金融機関はまだ少ない状態です。

② 債権

　その計算を明らかにする方法によって、分別して管理しなければなりません（信託法34条1項2号ロ）。

③ 動産

　信託財産に属する財産と、固有財産及び他の信託の信託財産に属する財産とを外形上区別することができる状態で保管する方法によって、分別して管理しなければなりません（信託法34条1項2号イ）。

（2）受託者の損失てん補責任等

　受託者が分別管理を怠ったことにより、信託財産に損失又は変更が生じた場合、受益者は受託者に対して、次の措置を請求することができます（信託法40条1項）。

ア　信託財産に損失が生じた場合

　損失のてん補

イ　信託財産に変更が生じた場合

　原状の回復

　受託者は、分別管理をしたとしても損失又は変更が生じたことを証明しなければ、この責任を免れることはできません（信託法40条4項）。

7 信託財産責任負担債務

（1）定義
　受託者が信託財産に属する財産をもって履行する責任を負う債務のことを「信託財産責任負担債務」といいます（信託法2条9項）。

（2）範囲
　次のア～ケの権利に係る債務は、信託財産責任負担債務となります（信託法21条1項）。

ア　受益債権
　受益権のうち、信託行為に基づいて、受託者が受益者に対し負う債務であって、信託財産に属する財産の引渡しその他の信託財産に係る給付をすべきものに係る債権です（信託法2条7項）。
　受益債権に係る債務について、受託者は信託財産に属する財産のみをもって、これを履行する責任を負います（信託法21条2項1号、100条）。

イ　信託財産に属する財産について信託前の原因によって生じた権利
例 信託前に抵当権の設定されている不動産が、信託財産となった場合における、その抵当権です。

ウ　信託前に生じた委託者に対する債権であって、当該債権に係る債務を信託財産責任負担債務とする旨の信託行為の定めがあるもの
例 不動産を信託財産とした場合に、信託行為の定めにより、受託者が不動産に係る借入金債務を信託財産責任負担債務として引き受けることとした委託者の債務です。受託者が債務引受けを行えば、その債務は信託財産から返済することができます。

エ 受益権取得請求権
　重要な信託の変更等により、損害を受けるおそれのある受益者が受託者に対して、受益権を取得することを請求できる権利です（信託法103条1項、2項）。

オ 信託財産のためにした行為であって、受託者の権限に属するものによって生じた権利
例 信託行為の定めに基づいて、借入権限を与えられていた受託者が信託財産のために借入をした場合の貸金債権です。

カ 信託財産のためにした行為であって、受託者の権限に属しないもののうち、①受益者が取り消すことのできない行為によって生じた権利、②受益者が取り消すことのできる行為であっても、取り消されていないものによって生じた権利（信託法27条1項、2項）

キ 受託者が第三者との間で行った、利益相反行為の制限の規定に違反した行為のうち、①受益者が取り消すことができない行為によって生じた権利、②受益者が取り消すことのできる行為であっても、取り消されていないものによって生じた権利（信託法31条6項、7項）

ク 受託者が信託事務を処理するについてした不法行為によって生じた権利

ケ オからクのほか、信託事務の処理について生じた権利

（3）注意点
　信託財産責任負担債務は「信託財産のみをもって履行する責任を負う債務」と誤解されがちですが、「信託財産のみをもって履行

する責任を負う債務」と「信託財産だけではなく、受託者の固有財産をもって履行する責任を負う債務」から構成されています。

（４）信託財産のみをもって履行する責任を負う債務

　上記（２）の信託財産責任負担債務のうち、次の権利に係る債務は「信託財産のみをもって履行する責任を負う債務」となります（信託法21条2項）。

ア　受益債権

イ　限定責任信託における信託債権

　「限定責任信託」とは、受託者が当該信託のすべての信託財産責任負担債務について、信託財産に属する財産のみをもってその履行の責任を負う信託をいいます（信託法2条12項）。

　ただし、条件が厳しく、事務負担も大きいので、実務上は利用が難しい信託です。

ウ　上記アイのほか、信託法の規定により信託財産に属する財産のみをもって、その履行の責任を負うものとされる場合における信託債権

エ　信託債権者との間で、信託財産に属する財産のみをもって、その履行の責任を負う旨の合意がある場合における信託債権

　個別に債権者と交渉する方法で、上記イ限定責任信託よりは実現可能性がありますが、それでも難しい方法です。

（５）固有財産をもって履行する責任を負う債務

　上記（２）のうち、（４）以外の債務が該当します。

　受託者は固有財産で債務の履行責任（無限責任）を負うので、受託者を引き受けるときには十分に理解しておく必要があります。

8 不動産を信託財産にするときの注意点

（1） 金融機関の担保権の設定された不動産

ア 金融機関との契約

　不動産を信託財産にするとき、金融機関が抵当権などの担保権を設定している場合には注意が必要です。

　「担保権の設定されている不動産の所有権を移転するときには事前に金融機関の承諾が必要で、承諾なく所有権を移転した場合には借入金について期限の利益を失う」旨の契約をしていることが多いからです。

イ 金融機関への申出

　担保権の設定された不動産を信託するときに、金融機関の承諾なく実行することは可能です。

　金融機関も、債務の返済が滞りなく行われている間は、不動産登記簿謄本を定期的にチェックしていないと、気が付かない可能性があります。

　さらに、既存担保権が登記されている限り、信託による所有権の移転に優先するので、金融機関の担保権の維持という点では、状況は変わりません。

　だからといって承諾の申出をしなくていいわけではなく、申出をしないと金融機関の信用を失い、さまざまなリスクが生じるので、絶対に申出をするようにしてください。

ウ 債務引受け

　金融機関の承諾を得られても、既存の借入金については、受託者による債務引受けを求められることが多く、債務引受け後は受託者が返済義務を負うことになります。

借入金等消極財産は信託の対象となりませんが、受託者が債務引受けをすることで、実質的には消極財産も信託したのと同じ状態になります。

図表2-6　消極財産の債務引受け

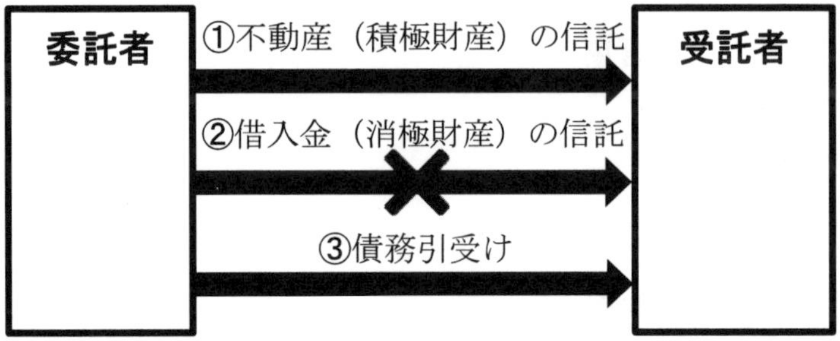

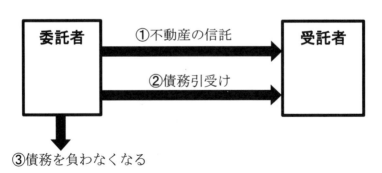

エ　免責的債務引受け

　当初の債務者である委託者が、債権者の同意を得ることで、その債務を負わなくなる受託者の債務引受けで、信託財産と受託者の固有財産を責任財産とします。

図表2-7　免責的債務引受け

図表2-8 免責的債務引受けの前と後

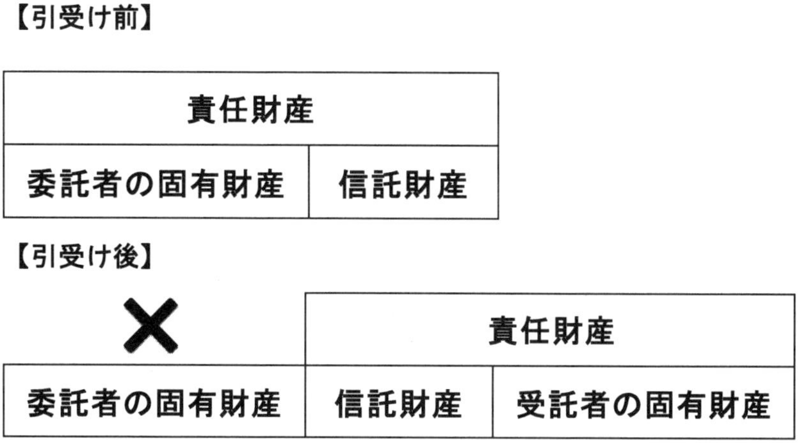

【引受け前】

責任財産	
委託者の固有財産	信託財産

【引受け後】

✖	責任財産	
委託者の固有財産	信託財産	受託者の固有財産

オ　重畳的債務引受け

　当初の債務者である委託者が、引き続き債務を負う受託者の債務引受けです。債権者の同意は必要なく、委託者の固有財産、信託財産、受託者の固有財産を責任財産とします。

図表2-9 重畳的債務引受け

③引き続き債務を負う

図表2-10 重畳的債務引受けの前と後

【引受け前】

責任財産	
委託者の固有財産	信託財産

【引受け後】

責任財産		
委託者の固有財産	信託財産	受託者の固有財産

カ　免責的債務引受けと重畳的債務引受け

　金融機関においては、債務の負担者が追加される重畳的債務引受けの方が承諾しやすい事情があります。

　しかしながら、信託財産の状態、受託者の信用力により判断することが重要であり、委託者が過大な負担を負う必要はありません。

（2）信託登記制度

ア　信託登記制度

　不動産を信託財産にする場合、信託登記を行います。

　不動産については、信託の登記をしなければ、当該不動産が信託財産に属することを第三者に対抗することができません（信託法14条）し、信託の登記をする義務は、免除することもできません（信託法34条2項）。

イ　登記事項の問題

　信託の登記の登記事項として、委託者、受託者、受益者及び受益者代理人の氏名又は名称及び住所、信託の目的、信託財産の管理方法、信託の終了の事由、その他の信託の条項等が法定されています（不動産登記法97条1項）。

　登記記録は公示され、見る気になれば誰でも見ることができるため、第三者が、信託の内容を知りえることになります。

　家族関係その他のプライバシーが公示されることへの抵抗感だけでなく、相続人間での争いを引き起こす火種になることもあるので、登記制度をよく理解したうえで、不動産の信託を利用するようにしてください。

ウ　信託の内容を秘匿する方法

　上記イに対して、信託の内容を一部秘匿できる方法があります。
① 受益者の氏名又は名称及び住所

　受益者代理人を選任し、その氏名又は名称及び住所を登記したときは、受益者の氏名又は名称及び住所を登記することを要しません（不動産登記法97条2項）。

② 信託契約公正証書の条項の引用

　「令和〇〇年〇〇月〇〇日東京法務局所属公証人〇〇作成にかかる令和〇〇年第〇〇号不動産等管理処分信託契約公正証書第〇〇条記載のとおり」とすることで、具体的な内容を登記記録に記載しないこともできます。

9　受託者

（1）定義
　受託者は、信託の事務を遂行する者で「信託行為の定めに従い信託財産に属する財産の管理又は処分及びその他の信託の目的の達成のために必要な行為をすべき義務を負う者をいう」と定義されています（信託法2条5項）。

（2）受託者候補
　受託者は、信託を動かしていく主役なので、誰を受託者にするのかが最も重要になります。
　受託者には権限が与えられる一方、信認義務、責任、倫理観、事務処理能力等が求められ、信託の成否は受託者次第となります。
　このような書き方をすると、受託者になることを躊躇する人もいますが、企業に属して業務を無難にこなしている人でしたら問題はありません。関係者を集めて検討していく中で、「この人」という適任者がでてきて、最終的にその人に決まっていくものです。
　福祉型信託では適任者が見つからないこともあるのですが、事業承継信託では、後継者、親族、親族外役員、従業員、一般社団法人等から幅広く受託者を見つけられます。

（3）受託者の資格
　未成年者に該当する場合（信託法7条）又は信託業法が適用になる場合を除いて資格制限はなく、個人のみならず法人も受託者になれます。

（4）個人受託者
ア　個人受託者の限界
　受託者の死亡、後見開始又は保佐開始の審判、破産手続開始の決定を受けたこと等で受託者の任務は終了します（信託法56条1

項)。

　受託者が欠けた場合であって、新受託者が就任しない状態が 1年間継続したときに、信託は終了になります(信託法 163 条 3 号)。

　信託期間が長期間になる場合には、後継受託者を定めておきます。

イ　専門職

　信託業（信託の引受けを行う業）は、内閣総理大臣の免許又は登録を受けた者でなければ、営むことができない（信託業法 2 条 1 項、3 条、7 条 1 項）と定められているので、専門職が営利の目的を持って、反復継続して信託を引き受けること（受託者になること）は、信託業法に抵触する可能性が高いと考えられています。

　成年後見制度において、専門職が業として、成年後見人、保佐人、補助人、任意後見人を引き受けることができるのと、ルールが異なります。

　なお、専門職が業として受託者になることは難しいのですが、信託監督人、受益者代理人への就任や、信託事務の処理を専門職に委託する（信託法 28 条）ことは可能です。

（5）法人受託者
ア　法人受託者のメリット

　個人受託者の死亡、後見・保佐開始による受託者任務の終了事由を回避できます。

イ　信託業法の規制

　法人受託者は、信託業法の規制を考慮しなければなりません。

　信託業は、内閣総理大臣の免許又は登録を受けた者でなければ営むことができないので、免許又は登録を受けていないほとんど

の株式会社は信託業を営むことはできません（営利の目的を持ち、反復継続して受託者になれないということ）。

例外１　株式会社が、営利を目的としない１件だけの信託受託を可とする考えもあります。ただし、営利を目的とする株式会社の定款に、非営利の目的を定めることは認められない可能性があります（認められなかった場合には信託の受託はできません）。

例外２　自己信託は、業としての信託の引受けには当たらず、信託業法の規制を受けません。

ウ　一般社団法人
実務上、次の理由で一般社団法人が利用されています。
① 設立が容易
② 事業に制限がなく「信託業法に抵触しない信託の受託」を定款の目的に定めることができるので「営利の目的を持たず、反復継続しない信託の引受け」を行うことに問題がない [1]

エ　一般社団法人の概要
① 一般社団法人の定義
「一般社団法人及び一般財団法人に関する法律」に基づいて設立された社団法人のことをいい、設立の登記をすることによって成立する法人です。

② 設立方法
（a）定款を作成し、公証人の認証を受けます。
（b）設立時理事の選任を行います。
（c）設立時理事が設立手続の調査を行います。

---

[1] 一般社団法人は、内閣総理大臣の免許又は登録を与えられないため、「営利の目的を持ち、反復継続して信託を引き受けること」は信託業法に抵触します。

 (d) 法人を代表すべき者（設立時理事又は設立時代表理事）が、法定の期限内に、主たる事務所の所在地を管轄する法務局又は地方法務局に設立の登記の申請を行います。

③ 社員
 設立に当たっては２人以上の社員が必要になります。
 設立後に社員が１人だけになっても解散しませんが，社員が欠けた場合（０人となった場合）には解散することになります。

④ 定款への記載事項
 次の(a)から(g)までに掲げる事項を記載しなければならないこととされています。
 (a) 目的
 (b) 名称
 (c) 主たる事務所の所在地
 (d) 設立時社員の氏名又は名称及び住所
 (e) 社員の資格の得喪に関する規定
 (f) 公告方法
 (g) 事業年度

⑤ 定款に記載しても効力を有しないこととされている事項
 社員に剰余金又は残余財産の分配を受ける権利を与える旨の定めは効力を有しないこととされています。

⑥ 機関
 (a) 社員総会
 最高意思決定機関で、社員の議決権は１人１議決権です。
 (b) 理事
 業務執行機関としての理事を少なくとも１人は置かなければなりません（社員との兼任可）。

⑦ 事業の制限

事業に制限はありません。

公益的な事業、共益的な事業（構成員に共通する利益を図ることを目的とする事業）、収益事業を行うことができます。

⑧ 解散

次の(a)から(g)までの場合に解散することとされています。
(a) 定款で定めた存続期間の満了
(b) 定款で定めた解散の事由の発生
(c) 社員総会の決議
(d) 社員が欠けたこと
(e) 当該一般社団法人が消滅する合併をしたとき
(f) 破産手続開始の決定があったとき
(g) 解散命令又は解散の訴えによる解散を命ずる裁判があったとき

（6）遺言信託における信託の引受けの催告

利害関係人は、受託者となるべき者として指定された者に対し、相当の期間を定めて、その期間内に信託の引受けをするかどうかを確答すべき旨を催告することができます（信託法5条1項）。

引受けをしないこともでき、期間内に委託者の相続人に対し確答をしないときは、信託の引受けをしなかったものとみなします（信託法5条2項）。実務上は、委託者が、受託者として指定した者に対して、承諾を得ておきます。

（7）遺言信託における裁判所による受託者の選任

遺言に受託者の指定に関する定めがないとき、又は受託者となるべき者として指定された者が信託の引受けをせず、若しくは引受けをすることができないときは、裁判所は、利害関係人の申立てにより、受託者を選任することができます（信託法6条1項）。

10　受託者の権限

（1）権限

ア　権限の範囲

　受託者は、信託財産に属する財産の管理又は処分及びその他の信託の目的の達成のために必要な行為をする権限を持ちますが、信託行為によりその権限に制限を加えることもできます（信託法26条）。

イ　権限違反行為の取消し

　受託者が権限違反行為をした場合、要件を満たすときは、受益者は当該行為を取り消すことができます（信託法27条）。

（2）信託事務の第三者への委託

ア　第三者への委託

　受託者は、信託事務の処理を第三者に委託することができます（信託法28条）。

イ　選任義務

　受託者は、信託の目的に照らして適切な者に委託しなければなりません（信託法35条1項）。

ウ　監督義務

　受託者は、委託した第三者に対し、信託の目的の達成のために必要かつ適切な監督を行わなければなりません（信託法35条2項）。

エ　上記イ、ウの規定を適用しないケース

　受託者が、次に掲げる第三者に委託したときは、上記イ、ウの規定は適用しません（信託法35条3項）。

① 信託行為において指名された第三者
② 信託行為において、受託者が委託者又は受益者の指名に従い信
　託事務の処理を第三者に委託する旨の定めがある場合におい
　て、当該定めに従い指名された第三者
　　ただし、受託者は、当該第三者が不適任若しくは不誠実である
こと又は当該第三者による事務の処理が不適切であることを知っ
たときは、信託行為に別段の定めがあるときを除いて、その旨の
受益者に対する通知、当該第三者への委託の解除その他の必要な
措置をとらなければなりません（信託法35条3項、4項）。

オ　受託者の損失てん補責任等

　　受託者が、信託事務の第三者への委託の規定に違反して、信託
事務の処理を第三者に委託した場合において、信託財産に損失又
は変更を生じたときは、受託者は、第三者に委託をしなかったと
しても損失又は変更が生じたことを証明しなければ、損失のてん
補又は原状の回復をする責任を免れることができません（信託法
40条2項）。

11 受託者の義務等

（1）利益享受の禁止
受託者は、受益者として信託の利益を享受する場合を除き、信託の利益を享受することができません（信託法8条）。

また、専ら受託者の利益を図る目的は、信託の目的から除きます（信託法2条1項）。

（2）義務
受託者は、権限を自由に行使できるわけではなく、濫用を防止し、信託目的に合うものになるように、義務が課せられています。

ア　信託事務遂行義務
受託者は、形式的に事務処理するのではなく、信託の本旨（委託者の意図）に従い、信託事務をしなければなりません（信託法29条1項）。

イ　善管注意義務
受託者は、善良な管理者の注意（自分の財産よりも一層大切に管理すべき注意）をもって、信託事務をしなければなりません。

ただし、信託行為に別段の定めがあるときは、その定めるところによる注意をもって、これをするものとします（信託法29条2項）。

ウ　忠実義務
受託者は、受託者自身や委託者のためではなく、受益者のために忠実に信託事務の処理、その他の行為をしなければなりません（信託法30条）。

このことから、利益相反行為と競合行為について、以下のように定められています。

① 利益相反行為

受託者は、次に掲げる行為をしてはなりません（信託法31条1項）。

(a) 信託財産に属する財産を受託者の固有財産に帰属させること

(b) 受託者の固有財産に属する財産を信託財産に帰属させること

(c) 信託財産に属する財産を他の信託の信託財産に帰属させること

(d) 第三者との間において、信託財産のためにする行為であって、受託者が当該第三者の代理人となって行うもの

(e) 受託者が、固有財産のみで履行する責任を負う債務の担保として信託財産を提供すること

(f) その他第三者との間において、信託財産のためにする行為であって、受託者又はその利害関係人と受益者との利益が相反することとなるもの

② 競合行為

受託者は、受託者として有する権限に基づいて、信託事務の処理としてすることができる行為であって、これをしないことが受益者の利益に反するものについては、これを固有財産又は受託者の利害関係人の計算でしてはなりません（信託法32条1項）。

例 受託者が信託事務によって行わなければならない有価証券の購入について、その機会を奪い取って、受託者が自分のための取引として行ったところ、有価証券の価格が値上がりしたために利益を得た場合

エ　公平義務

受益者が二人以上ある信託においては、受託者は、受益者のために公平にその職務を行わなければなりません（信託法33条）。

オ　分別管理義務

受託者は、信託財産に属する財産と受託者の固有財産及び他の

信託の信託財産に属する財産とを、分別して管理しなければなりません（信託法34条）。

例1 金銭は、その計算を明らかにする方法とされ、実務では、信託口座を開設します。

例2 不動産は信託の登記を行います。

カ　信託事務の処理の委託における、第三者の選任及び監督に関する義務

受託者は信託の目的に照らして適切な者に委託しなければなりません（信託法35条1項）。

受託者は委託した第三者に対し、信託の目的の達成のために必要かつ適切な監督を行わなければなりません（信託法35条2項）。

キ　信託事務の処理の状況についての報告義務

委託者又は受益者は、受託者に対し、信託事務の処理の状況並びに信託財産に属する財産及び信託財産責任負担債務の状況について報告を求めることができます（信託法36条）。

ク　帳簿等の作成等、報告及び保存の義務

① 信託帳簿の作成（信託法37条1項）

② 毎年一回、一定の時期に財産状況開示資料を作成し、受益者に報告（信託法37条2項、3項）

③ ①②の書類、信託事務の処理に関する書類等の一定期間保存（信託法37条4項、5項、6項）

ケ　帳簿等の閲覧等の請求

受益者は、受託者に対して、信託帳簿、信託事務の処理に関する書類の閲覧又は謄写の請求ができます（信託法38条1項）。

受託者は、一定の場合を除き、これを拒むことができません（信託法38条2項）。

12　受託者の責任等

（1）損失てん補責任等
ア　受託者がその任務を怠ったことにより、信託財産に損失又は
変更が生じたとき

受益者は、受託者に対して、次の措置を請求することができま
す（信託法 40 条 1 項）。
① 信託財産に損失が生じた場合
損失のてん補

② 信託財産に変更が生じた場合
原状の回復

ただし、②原状の回復の措置にあっては、原状の回復が著しく
困難であるとき、原状の回復をするのに過分の費用を要するとき、
その他受託者に原状の回復をさせることを不適当とする特別の事
情があるときは、この限りではありません（信託法 40 条 1 項）。

イ　受託者が、信託事務の第三者への委託の規定に違反して、信
託事務の処理を第三者に委託した場合において、信託財産に損
失又は変更が生じたとき

受託者は、第三者に委託をしなかったとしても損失又は変更が
生じたことを証明しなければ、損失のてん補又は原状の回復をす
る責任を免れることができません（信託法 40 条 2 項）。

ウ　受託者が、分別管理義務の規定に違反して、信託財産に属す
る財産を管理した場合において、信託財産に損失又は変更が生
じたとき

受託者は、分別管理義務の規定に従い、分別して管理をしたと
しても損失又は変更が生じたことを証明しなければ、損失のてん

補又は原状の回復をする責任を免れることができません（信託法
40条4項）。

エ　受益者による損失てん補責任等の免除
　受益者は、上記ア～ウの責任を免除することができます（信託
法42条）

（2）法人である受託者の役員の連帯責任
　法人である受託者の理事、取締役若しくは執行役又はこれらに
準ずる者は、当該法人が損失てん補責任等を負う場合において、
当該法人が行った法令又は信託行為の定めに違反する行為につき
悪意又は重大な過失があるときは、受益者に対し、当該法人と連
帯して、損失のてん補又は原状の回復をする責任を負います（信
託法41条）。
　なお、受益者は上記責任を免除することができます（信託法42
条）

（3）受益者による受託者の行為の差止め
　次の①②の場合には、受益者（②の場合は当該一部の受益者）
は、受託者に対し、当該行為をやめることを請求することができ
ます（信託法44条）。
① 受託者が法令若しくは信託行為の定めに違反する行為をし、
　又はこれらの行為をするおそれがある場合において、当該行
　為によって信託財産に著しい損害が生じるおそれがあるとき
② 受託者が公平義務に違反する行為をし、又はこれをするおそ
　れがある場合において、当該行為によって一部の受益者に著
　しい損害が生じるおそれがあるとき

（4）検査役の選任

　受託者の信託事務の処理に関し、不正の行為又は法令若しくは信託行為の定めに違反する重大な事実があることを疑うに足りる事由があるときは、受益者は、信託事務の処理の状況並びに信託財産に属する財産及び信託財産責任負担債務の状況を調査させるため、裁判所に対し、検査役の選任の申立てをすることができます（信託法 46 条 1 項）。

13 受託者の費用等及び信託報酬等

（1）信託事務を処理するのに必要な費用の支出
ア　原則
　信託財産から直接支払われます。

イ　受託者が固有財産から支出した場合
　受託者は、信託財産から当該費用及び支出の日以後におけるその利息の償還を受けることができます。ただし、信託行為に別段の定めがあるときは、その定めるところによります。（信託法48条1項）。
　受託者は、受益者との合意に基づいて、受益者から費用及び支出の日以後におけるその利息の償還を受けることができます（信託法48条5項）。

ウ　受託者が費用の前払を受ける場合
　受託者は、信託財産から費用の前払を受けることができます。ただし、信託行為に別段の定めがあるときは、その定めるところによります（信託法48条2項）。
　受託者は、受益者との合意に基づいて、受益者から費用の前払を受けることができます（信託法48条5項）。

（2）信託財産が費用等の償還等に不足している場合
　受託者は、信託財産から費用等の償還又は費用の前払を受けるのに、信託財産が不足している場合において、委託者及び受益者に対し次の①②を通知し、②の相当の期間を経過しても委託者又は受益者から費用等の償還又は費用の前払を受けなかったときは、信託を終了させることができます（信託法52条1項）。
① 信託財産が不足しているため、費用等の償還又は費用の前払を受けることができない旨

② 受託者の定める相当の期間内に、委託者又は受益者から費用
　等の償還又は費用の前払を受けないときは、信託を終了させ
　る旨

（3）受託者の信託報酬

　信託事務の処理の対価として、受託者の受ける利益を信託報酬
といいます。

　受託者は、信託行為に受託者が信託財産から信託報酬を受ける
旨の定めがある場合に限り、信託財産から信託報酬を受けること
ができます（信託法 54 条 1 項）。

　信託法で報酬額の定めはありませんが、家庭裁判所が決定する
成年後見人等の報酬と異なり、委託者と受託者の間で決めること
ができます。

　成年後見人等の報酬額を参考にすることが多いようですが、度
を越えた高額にすると、税務上、贈与とみなされることがありま
す。逆に、親族受託者は報酬額を抑え、無報酬とすることも可能
です。

14 受託者の変更等

（1）任務の終了事由
　受託者の任務は、次に掲げる事由によって終了します（信託法56条）。ただし、③又は④の場合には、信託行為に別段の定めがあるときは、その定めるところによります。
① 信託の清算の結了
② 受託者である個人の死亡
③ 受託者である個人が後見開始又は保佐開始の審判を受けたこと
④ 受託者が破産手続開始の決定を受けたこと
⑤ 受託者である法人が合併以外の理由により解散したこと
⑥ 受託者の辞任
⑦ 受託者の解任
⑧ 信託行為において定めた事由

（2）新受託者の選任
　信託行為に新受託者に関する定めがあり、その定められた者が就任の承諾をした場合には新受託者となります。
　信託行為に新受託者に関する定めがないとき等においては、委託者及び受益者は、その合意により、新受託者を選任することができます（信託法62条1項）。
　また、必要があると認められるときは、裁判所は、利害関係人の申立てにより、新受託者を選任することができます（信託法62条4項）。

（3）新受託者の就任の催告
　利害関係人は、新受託者となるべき者として指定された者に対し、相当の期間を定めて、その期間内に就任の承諾をするかどうかを確答すべき旨を催告することができます（信託法62条2項）。

就任の承諾をしないこともでき、期間内に委託者及び受益者に対し確答をしないときは、就任の承諾をしなかったものとみなします（信託法62条3項）。

15　受益者

（1）定義
ア　受益者
　「受益者」とは、受益権を有する者です（信託法2条6項）。
　信託から生じる経済的利益を享受する信託財産の実質的な所有者です。

イ　受益権
　「受益権」とは、次の①②の権利です（信託法2条7項）。
① 信託行為に基づいて、受託者が受益者に対し負う債務であって、信託財産に属する財産の引渡しその他の信託財産に係る給付をすべきものに係る債権（受益債権）
② ①を確保するために、信託法の規定に基づいて、受託者その他の者に対し一定の行為を求めることができる権利

（2）受益者の資格
　受益者には資格の定めがありません。
　未成年者や判断能力を喪失している者であっても受益者になることができます。

（3）脱法信託の禁止
　法令により、ある財産権を享有することができない者は、その権利を有するのと同一の利益を受益者として享受することができません（信託法9条）。
　例えば、日本国内に住所又は居所を有しない外国人は、特許権その他特許に関する権利を享有することができません（特許法25条）。当該外国人が、特許権を信託財産とし、その権利を有するのと同一の利益を受益者として享受することはできません。

16　受益者の権利の取得及び行使

（1）受益権の取得
ア　当然に受益権を取得
　信託行為の定めにより、受益者となるべき者として指定された者は当然に受益権を取得し、承諾をする必要はありません。
　ただし、信託行為に定めることで、制限を付けることもできます（信託法88条1項）。

イ　贈与との比較
　贈与は、当事者の一方がある財産を無償で相手方に与える意思を表示し、相手方が受諾をすることによって、その効力を生じます（民法549条）。

（2）通知
　受託者は、受益者となるべき者として指定された者が、受益権を取得したことを知らないときは、遅滞なく、その旨を通知しなければなりません。ただし、信託行為に定めることで、通知をしないこともできます（信託法88条2項）。

（3）受益者指定権・受益者変更権
　信託行為で、受益者を指定し、又は変更する権利を有する者を定めることができます（信託法89条1項）。

（4）委託者の死亡の時に受益権を取得する旨の定めのある信託等の特例
　次の信託においては、委託者は、信託行為に別段の定めがある場合を除いて、受益者を変更する権利を有します（信託法90条1項）。

① 委託者の死亡の時に、受益者となるべき者として指定された者が受益権を取得する旨の定めのある信託
② 委託者の死亡の時以後に、受益者が信託財産に係る給付を受ける旨の定めのある信託

（5）受益者の権利行使の制限の禁止

　受益者の権利には「受託者を監督する権利」と「意思決定に係る権利」がありますが、「受託者を監督する権利」の行使は、信託行為の定めにより制限することができません（信託法92条）。

　この権利は、複数の受益者がいる場合においても、各受益者が単独で権利を行使することができます。

17 受益権

（1）受益権の譲渡
ア 受益権の譲渡
　受益者は、その有する受益権を譲り渡すことができます。ただし、その性質がこれを許さないときは、この限りでありません（信託法93条1項）。

　受益権の譲渡を禁止し、又は制限する旨の信託行為の定めは、善意の第三者に対抗することはできません（信託法93条2項）。

イ 受益権の譲渡の対抗要件
　受益権の譲渡は、譲渡人が受託者に通知をし、又は受託者が承諾をしなければ、受託者その他の第三者に対抗することができません（信託法94条1項）。

　この通知及び承諾は、確定日付のある証書によってしなければ、受託者以外の第三者に対抗することができません（信託法94条2項）。

（2）受益権の質入れ
　受益者は、その有する受益権に質権を設定することができます。ただし、その性質がこれを許さないときは、この限りでありません（信託法96条1項）。

　受益権の質入れを禁止し、又は制限する旨の信託行為の定めは、善意の第三者に対抗することはできません（信託法96条2項）。

（3）受益権の放棄
　受益者は、受託者に対し、受益権を放棄する旨の意思表示をすることができます。ただし、受益者が信託行為の当事者（委託者

及び受託者）である場合は、この限りではありません（信託法
99条1項）。

　受益者は、放棄の意思表示をしたときは、当初から受益権を有
していなかったものとみなしますが、第三者の権利を害すること
はできません（信託法99条2項）。

（4）受益権取得請求権

ア　重要な信託の変更等

① 信託の目的の変更
② 受益権の譲渡の制限に係る変更
③ 受託者の義務の全部又は一部の減免に係る変更
④ 受益債権の内容の変更
⑤ 信託行為において定めた事項に係る変更
⑥ 信託の併合又は信託の分割

イ　受益権取得請求

　「重要な信託の変更等」により損害を受けるおそれのある受益
者は「重要な信託の変更等」の意思決定に関与し、賛成する旨の
意思を表示したときを除き、受託者に対し、自己の有する受益権
を公正な価格で取得することを請求することができます。

　ただし、①信託の目的の変更、②受益権の譲渡の制限に係る変
更がされる場合には、損害を受けるおそれのあることを要しませ
ん（信託法103条1項、2項、3項）。

18　二人以上の受益者による意思決定の方法

（1）原則
　信託に関する受益者の権利には「受託者を監督する権利」と「意思決定に係る権利」があります。
　「受託者を監督する権利」は、受益者が複数の場合でも、各受益者が単独で行使できます。
　「意思決定に係る権利」についての意思決定は、信託行為に別段の定めがあるときを除いて、すべての受益者の一致によって決定されます（信託法105条1項）。

（2）受益者集会
　信託行為に「受益者集会における多数決」による旨の定めがあるときは、受益者集会を招集することができます（信託法105条2項）。

19 委託者

（1）定義

　「委託者」とは、信託契約、遺言及び自己信託の方法により信託をする者です（信託法2条4項）。

　信託財産のもともとの所有者で、信託の発起人となりますが、信託の発効後に、財産の管理・処分権限等は受託者に移り、信託財産に係る給付を受ける権利は受益者に移ります。

（2）委託者の資格

　委託者には資格の定めがありません。

（3）権利能力、意思能力、行為能力、遺言能力

　委託者の権利能力、意思能力、行為能力、遺言能力を考慮します。認知症や病気でこれらの能力を失ってしまうと、信託設定が難しくなります。

ア　権利能力

　権利、義務の主体となることができる資格です（民法3条）。

イ　意思能力

　行為の結果を判断するに足るだけの精神能力で、法律行為の当事者が意思表示をした時に、意思能力を有しなかったときは、その法律行為は無効になります（民法3条の2）。

例 認知症になって、行為の結果を判断することができない人は意思能力を有しません。

ウ　行為能力

　単独で有効な法律行為をすることができる能力ないし資格のことです。未成年者、成年被後見人、被保佐人、被補助人は行為能

力の制限によって保護されます（民法4条、5条、6条、7条、8条、9条、11条、12条、13条、15条、16条、17条）。

エ　遺言能力

　遺言の内容を理解し判断する能力で、遺言者は遺言をする時においてその能力を有しなければなりません（民法963条）。

　15歳に達した者は、遺言をすることができます（民法961条）が、遺言能力のない者の遺言は裁判で無効となることがあります。

20　委託者の権利等

（1）委託者の権利
ア　権利を有しない旨の定め
　信託法上、委託者に認められている権利について、信託行為においては、委託者が信託法の規定による権利の全部又は一部を有しない旨を定めることができます（信託法 145 条 1 項）。

イ　信託行為において、委託者が有する旨を定めることができる権利
　通常は受益者が有し、委託者に認められていない権利について、信託行為において、委託者が有する旨を定めることができます（信託法 145 条 2 項）。
① 違法な信託財産への強制執行等に対して、異議を主張する権利（信託法 23 条 5 項、6 項）
② 受託者の権限違反行為の取消権（信託法 27 条 1 項、2 項）
　前受託者の権限違反行為の取消権（信託法 75 条 4 項）
③ 受託者の利益相反行為の取消権（信託法 31 条 6 項、7 項）
④ 受託者の競合行為に対する介入権（信託法 32 条 4 項）
⑤ 信託帳簿、信託事務の処理に関する書類等の閲覧又は謄写の請求権（信託法 38 条 1 項）
⑥ 他の受益者の氏名等の開示の請求権（信託法 39 条 1 項）
⑦ 受託者に対する損失のてん補又は原状の回復の請求権（信託法 40 条 1 項）
⑧ 法人である受託者の役員に対する損失のてん補又は原状の回復の請求権（信託法 41 条）
⑨ 受託者の違反行為の差止めの請求権（信託法 44 条）
⑩ 検査役の選任の申立権（信託法 46 条 1 項）
⑪ 前受託者による信託財産の処分の差止めの請求権（信託法 59 条 5 項）

⑫ 前受託者の相続人等又は破産管財人による信託財産の処分の差止めの請求権（信託法 60 条 3 項、5 項）

⑬ 限定責任信託において、受託者が受益者に対して、給付可能額を超える給付をした場合に、受託者、受益者に対する金銭のてん補又は支払の請求権（信託法 226 条 1 項）

⑭ 限定責任信託において、受託者が受益者に対して給付をした場合において、欠損額が生じたときに、受託者、受益者に対する金銭のてん補又は支払の請求権（信託法 228 条 1 項）

⑮ 会計監査人に対する損失のてん補の請求権（信託法 254 条 1 項）

ウ　信託行為において、受託者が義務を負う旨を定めることができるもの

　通常は受託者が受益者に対して負う義務について、信託行為において、委託者に対しても負う旨を定めることができます（信託法 145 条 4 項）。

① 受託者が、受益者に対し通知すべき事項を委託者に対しても通知する義務（信託法 31 条 3 項等）

② 受託者が、受益者に対し報告すべき事項を委託者に対しても報告する義務（信託法 37 条 3 項）

③ 前受託者がする計算の承認を委託者に対しても求める義務（信託法 77 条 1 項）

④ 清算受託者がする計算の承認を委託者に対しても求める義務（信託法 184 条 1 項）

（2）委託者の地位の移転

　委託者の地位は、次のいずれかの方法で、第三者に移転することができます（信託法 146 条 1 項）。

① 受託者及び受益者の同意

② 信託行為に定めた方法

（3）委託者の相続人

　遺言信託では、信託行為に別段の定めがあるときを除いて、委託者の相続人は、委託者の地位を相続により承継しません（信託法147条）。

　一方、信託契約の場合は信託法に規定がないので、委託者の相続人は、委託者の地位を相続により承継すると解釈されています。

　実務上、委託者の地位を相続により承継する方が望ましい場合もあれば、そうではない場合もあるので、信託行為で個別対応をします。

21 信託監督人の選任、資格、就任の催告

（1）選任

　信託監督人は、受益者のために受託者を監視・監督する者で、受益者自身で受託者を監視・監督することが困難な場合などに選任します。信託行為においては、受益者が現存する場合に信託監督人となるべき者を指定する定めを設けることができます（信託法131条1項）。

　受益者が、受託者の監督を適切に行うことができない特別の事情がある場合において、信託行為に信託監督人に関する定めがないとき、又は信託行為の定めにより信託監督人となるべき者として指定された者が就任の承諾をせず、若しくはこれをすることができないときは、裁判所は、利害関係人の申立てにより、信託監督人を選任することができます（信託法131条4項）。

（2）信託監督人の資格

　次に掲げる人は、信託監督人となることができません（信託法137条、124条準用）。
① 未成年者
② 当該信託の受託者
　①②以外の者は個人、法人を問わず信託監督人になることができます。

（3）就任の催告

　利害関係人は、信託監督人となるべき者として指定された者に対し、相当の期間を定めて、その期間内に就任の承諾をするかどうかを確答すべき旨を催告することができます（信託法131条2項）。就任を承諾しないこともでき、期間内に委託者（委託者が現存しない場合にあっては、受託者）に対し確答をしないときは、就任の承諾をしなかったものとみなします（信託法131条3項）。

22 信託監督人の権限、義務、費用等及び報酬

（1）権限
　信託行為に別段の定めがあるときを除き、受益者のために自己の名をもって、受託者を監督する権利（一部除外）に関する一切の裁判上又は裁判外の行為をする権限を有します（信託法 132 条 1 項、92 条）。
　なお、この権限を信託監督人が持つ場合でも、受益者もこれらの権利を有し、単独で行使することができます。

（2）義務
　次の、義務を負います。
① 善管注意義務（信託法 133 条 1 項）
② 誠実公平義務（信託法 133 条 2 項）

（3）費用等及び報酬
ア　費用の請求
　その事務を処理するのに必要と認められる費用及び支出の日以後におけるその利息を受託者に請求することができます（信託法 137 条、127 条 1 項準用）。

イ　損害賠償の請求
　次の場合には、受託者にその損害賠償を請求することができます（信託法 137 条、127 条 2 項準用）。
① 信託監督人がその事務を処理するため、自己に過失なく損害を受けた場合
② 信託監督人がその事務を処理するため、第三者の故意又は過失によって損害を受けた場合

ウ　報酬の請求

　信託行為に信託監督人が報酬を受ける旨の定めがある場合に限り、受託者に報酬を請求することができます（信託法137条、127条3項準用）。

　報酬の額は、信託行為に報酬の額又は算定方法に関する定めがあるときはその定めるところにより、その定めがないときは相当の額とします（信託法137条、127条5項準用）。

エ　受託者の履行責任

　上記アからウの信託監督人からの請求に係る債務については、受託者は信託財産に属する財産のみをもって履行する責任を負います（信託法137条、127条4項準用）。

23　信託監督人の任務等の終了、新信託監督人の選任

（1）任務の終了、事務の処理の終了
ア　任務の終了事由
　信託監督人の任務は、次に掲げる事由によって終了します（信託法 134 条、56 条準用）。
　ただし、③又は④に掲げる事由による場合にあっては、信託行為に別段の定めがあるときは、その定めるところによります。
① 信託の清算が結了した場合
② 信託監督人である個人の死亡
③ 信託監督人である個人が後見開始又は保佐開始の審判を受けたこと
④ 信託監督人が破産手続開始の決定を受けたこと
⑤ 信託監督人である法人が合併以外の理由により解散したこと
⑥ 信託監督人の辞任
⑦ 信託監督人の解任
⑧ 信託行為において定めた事由

イ　事務の処理の終了事由
　信託監督人による事務の処理は、次に掲げる事由により終了します（信託法 136 条）。ただし、②に掲げる事由による場合にあっては、信託行為に別段の定めがあるときは、その定めるところによります。
① 信託の清算の結了
② 委託者及び受益者が信託監督人による事務の処理を終了する旨の合意をしたこと
③ 信託行為において定めた事由

（2）新信託監督人の選任

　信託行為に新信託監督人に関する定めがあり、その定められた者が就任の承諾をした場合には、新信託監督人となります。

　信託行為に新信託監督人に関する定めがないとき、又は新信託監督人となるべき者として指定された者が引受けをせず、若しくは引受けをすることができないときは、委託者及び受益者は、その合意により、新信託監督人を選任することができます（信託法135条1項、62条1項準用）。

　また、必要があると認めるときは、裁判所は、利害関係人の申立てにより、新信託監督人を選任することができます（信託法135条1項、62条4項準用）。

24　受益者代理人の選任資格、就任の催告

（1）選任
　受益者代理人は、その代理する受益者のために受益者の権利を行使する者で、受益者が意思表示をするのが難しい場合、受託者を監督することが困難な場合、複数の受益者の権利を統一行使したい場合等に選任します。
　信託行為においては、その代理する受益者を定めて、受益者代理人となるべき者を指定する定めを設けることができます（信託法138条1項）。
　なお、受益者代理人は、信託行為に定めがないと選任できません。信託監督人は、信託行為に信託監督人に関する定めがないときでも、利害関係人の申立てにより、裁判所が選任することができるのと異なります。

（2）受益者代理人の資格
　次に掲げる人は、受益者代理人となることができません（信託法144条、124条準用）。
① 未成年者
② 当該信託の受託者
　①②以外の者は個人、法人を問わず受益者代理人になることができます。

（3）就任の催告
　利害関係人は、受益者代理人となるべき者として指定された者に対し、相当の期間を定めて、その期間内に就任の承諾をするかどうかを確答すべき旨を催告することができます（信託法138条2項）。就任を承諾しないこともでき、期間内に委託者（委託者が現存しない場合にあっては受託者）に対し確答をしないときは、就任の承諾をしなかったものとみなします（信託法138条3項）。

25　受益者代理人の権限、義務、費用等及び報酬

（1）権限

　信託行為に別段の定めがあるときを除き、その代理する受益者のために当該受益者の権利（責任の免除に係るものを除く）に関する一切の裁判上又は裁判外の行為をする権限を有します（信託法139条1項、42条）。

　受益者代理人に代理される受益者は、受託者を監督する権利及び信託行為において定めた権利を除き、その権利を行使することができません（信託法139条4項、92条）。

（2）義務

　次の義務を負います。
① 善管注意義務（信託法140条1項）
② 誠実公平義務（信託法140条2項）

（3）費用等及び報酬

ア　費用の請求

　その事務を処理するのに必要と認められる費用及び支出の日以後におけるその利息を受託者に請求することができます（信託法144条、127条1項準用）。

イ　損害賠償の請求、

　次の場合には、受託者にその損害賠償を請求することができます（信託法144条、127条2項準用）。
① 受益者代理人がその事務を処理するため、自己に過失なく損害を受けた場合
② 受益者代理人がその事務を処理するため、第三者の故意又は過失によって損害を受けた場合

ウ　報酬の請求

　信託行為に受益者代理人が報酬を受ける旨の定めがある場合に限り、受託者に報酬を請求することができます（信託法144条、127条3項準用）。

　報酬の額は、信託行為に報酬の額又は算定方法に関する定めがあるときはその定めるところにより、その定めがないときは相当の額とします（信託法144条、127条5項準用）。

エ　受託者の履行責任

　上記アからウの受益者代理人からの請求に係る債務については、受託者は、信託財産に属する財産のみをもって履行する責任を負います（信託法144条、127条4項準用）。

26 受益者代理人の任務等の終了、新受益者代理人の選任

（1）任務の終了、事務の処理の終了

ア 任務の終了事由

　受益者代理人の任務は、次に掲げる事由によって終了します（信託法141条、56条準用）。

　ただし、③又は④に掲げる事由による場合にあっては、信託行為に別段の定めがあるときは、その定めるところによります。

① 信託の清算が結了した場合
② 受益者代理人である個人の死亡
③ 受益者代理人である個人が後見開始又は保佐開始の審判を受けたこと
④ 受益者代理人が破産手続開始の決定を受けたこと
⑤ 受益者代理人である法人が合併以外の理由により解散したこと
⑥ 受益者代理人の辞任
⑦ 受益者代理人の解任
⑧ 信託行為において定めた事由

イ 事務の処理の終了事由

　受益者代理人による事務の処理は、次に掲げる事由によって終了します（信託法143条）。ただし、②に掲げる事由による場合にあっては、信託行為に別段の定めがあるときは、その定めるところによります。

① 信託の清算の結了
② 委託者及び受益者代理人に代理される受益者が受益者代理人による事務の処理を終了する旨の合意をしたこと
③ 信託行為において定めた事由

（2）新受益者代理人の選任

　信託行為に、新受益者代理人に関する定めがあり、その定められた者が就任の承諾をした場合には、新受益者代理人となります。

　信託行為に新受益者代理人に関する定めがないとき、又は新受益者代理人となるべき者として指定された者が引受けをせず、若しくは引受けをすることができないときは、委託者及び受益者は、その合意により、新受益者代理人を選任することができます（信託法 142 条 1 項、62 条 1 項準用）。

　また、必要があると認められるときは、裁判所は、委託者又は受益者代理人に代理される受益者の申立てにより、新受益者代理人を選任することができます(信託法 142 条 1 項、62 条 4 項準用)。

27　信託監督人、受益者代理人の選任基準

（1）選任基準
　後見目的の信託と財産承継目的の信託で異なります。

ア　後見目的の信託
　後見を目的とする信託では、原則受益者代理人を選任します。
　信託監督人は、受託者の監督に係る権利を有していますが、受益者代理人は、受託者の監督に係る権利に加えて、信託に関する意思決定に係る権利を有しています。
　したがって、受益者代理人を選任すれば、信託監督人を選任しなくて済むことが多くなります。

図表2-11　受益者代理人と信託監督人の権利

	受益者代理人	信託監督人
受託者の監督に係る権利	○	○
信託に関する意思決定に係る権利	○	×

イ　財産承継目的の信託
① 選任しない場合
　受託者の能力や信頼性が一定水準以上で、信託財産の管理の難易度も高くなければ、信託監督人、受益者代理人を選任しないこともあります。
　例えば、法人受託者で確実な運営ができる場合が考えられます。

② 選任する場合
　両方選任することもあれば、一方だけ選任することもあります。
　（a）両方選任
　例えば、複数の受益者がいる信託において、特定の受益者にだ

け受益者代理人を選任する場合、受益者の権利行使の関係が複雑
になりがちです。

　このようなときに、受益者全体の立場に立って受託者を監督す
る信託監督人も選任します。

　(b) 一方だけ選任する場合の注意事項1
【信託監督人】
　信託行為に信託監督人に関する定めがないときでも、必要があ
れば、信託の変更又は裁判所による選任が可能です。
　例えば、信託設定時は、受益者が受託者を監視・監督できたの
で、信託監督人の選任を見送っていても、将来、信託監督人が必
要になったときに選任できます。
【受益者代理人】
　信託行為に受益者代理人に関する定めがないと選任できないの
で、その定めをしておく必要があります。

　(c) 一方だけ選任する場合の注意事項2
【信託監督人】
　信託監督人が選任されても、受益者はその権利を行使すること
ができます。
【受益者代理人】
　受益者代理人に代理される受益者は、受託者を監督する権利及
び信託行為において定めた権利を除き、その権利を行使すること
ができません。
　受益者代理人は、受益者の権限を制限してしまう面があるので、
これを回避するために「受益者代理人は、受益者の判断能力が失
われたときに選任する」という内容の停止条件や始期を付すこと
も検討します。

（２）専門職の選任

　信託監督人、受益者代理人には、親族を選任することも可能ですが、信託を十分に理解していないとその役割を果たせません。

　専門職には報酬が発生するものの、受託者の指導、相談者の役割も期待できるので、専門職の選任を推奨します。

28 他益信託・自益信託

（1）他益信託と自益信託

信託には他益信託と自益信託の2種類がありますが、事業承継信託では個別事情に応じてどちらも選択できます。

（2）他益信託

信託設定時に**委託者≠受益者**とする信託です。

委託者でない他者が利益を受けるということで他益信託と言います。

図表2-12 他益信託

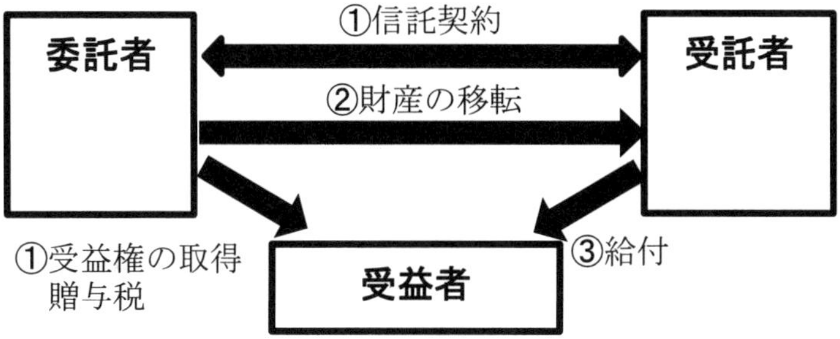

① 信託契約

委託者が受託者と信託契約を結びます。

財産の名義は受託者に移り、信託財産の管理・処分等を行います。

受益権を取得する受益者に贈与税が課税されます。

② 財産の移転

委託者から受託者に財産を移転します。

③ 給付

受益者は信託財産に係る給付を受けます。

財産の所有者が死亡して相続人に財産が渡ることを相続、生前に無償で財産を渡すことを生前贈与といいます。

　相続では相続税、生前贈与では贈与税が、財産を受け取った人に課されます。

　信託では、信託財産に係る利益を得る受益者を税務上の所有者とみなし、委託者以外の者が受益者となった時に相続税、贈与税が課税されます。

　他益信託では、信託設定の前後で、税務上の財産の所有者が異なり、適正な対価の負担がない場合には、信託の効力発生時に委託者から受益者に対して贈与があったものとみなして、贈与税が課税されます。

（3）自益信託

　信託設定時に**委託者＝受益者**とする信託で、委託者自身が利益を受けるということで自益信託と言います。

図表2-13　自益信託

① 信託契約

　委託者が受託者と信託契約を結びます。

　財産の名義は受託者に移り、信託財産の管理・処分等を行います。

　受益権を取得するのは委託者で、信託設定の前後で実質的な財産の所有者は変わらず、信託の効力発生時には相続税、贈与税は

課税されません。
② 財産の移転
委託者から受託者に財産を移転します。
③ 給付
受益者は信託財産に係る給付を受けます。

（4）遺言代用信託
（3）自益信託の委託者兼受益者の死亡で、第二次受益者が受益権を取得する設定にします。

第二次受益者を死亡後受益者とすることで、委託者死亡後の財産分配を信託で達成でき、遺言と同様の効果が得られるので遺言代用信託といいます。

図表2-14 遺言代用信託

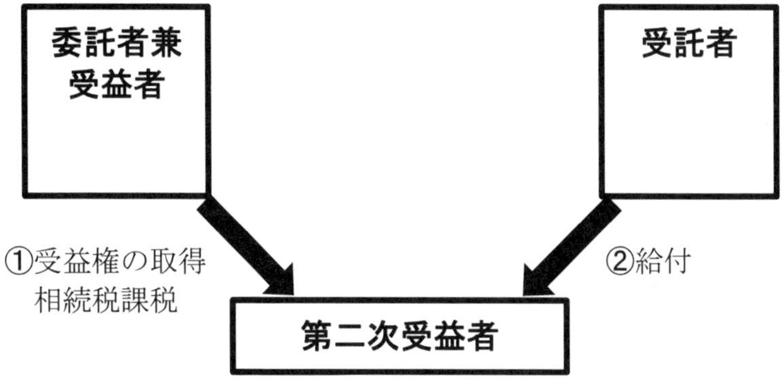

① 受益権の取得
委託者兼受益者の死亡で、第二次受益者が受益権を取得しますが[1]、これは「相続」ではなく「信託契約」による権利の移転とされ、遺産分割協議の対象にはなりません。

---

[1] 民法の委任は委任者の死亡で終了しますが、信託は委託者が死亡しても継続できます。

なお、税務上は第二次受益者が遺贈により取得したものとみなされ、相続税が課税されます。

② 給付

第二次受益者が信託財産に係る給付を受けます。

（5）他益信託、自益信託→遺言代用信託の選択基準

他益信託と自益信託→遺言代用信託の主な選択基準は税金です。

一般的には、税額が抑えられ納税時期も先送りされる「自益信託→遺言代用信託で相続税」を選択することが多いのですが、将来の自社株式評価額が高くなる場合や現経営者存命中に確実に承継を終わらせたい場合には、「他益信託で贈与税」を選択することもあります。

（6）受託者への課税

信託財産の名義は委託者から受託者に移るのですが、これは受益者のために行われるもので、信託財産に係る利益を得る権利が移るわけではないため、受託者に相続税、贈与税、所得税は、原則課税されません。

29　信託の変更

　長期間になる信託では、法律、制度の改正など、事情の変化に対応して信託条項を変更することが求められます。

（1）原則
　委託者、受託者及び受益者の合意によってすることができます（信託法149条1項）。

（2）その他の場合
ア　信託の目的に反しないことが明らかであるとき
　受託者及び受益者の合意によりすることができます（信託法149条2項1号）。

イ　信託の目的に反しないこと及び受益者の利益に適合することが明らかであるとき
　受託者の書面又は電磁的記録によってする意思表示によりすることができます（信託法149条2項2号）。

ウ　受託者の利益を害しないことが明らかであるとき
　委託者及び受益者による受託者に対する意思表示によってすることができます（信託法149条3項1号）。

エ　信託の目的に反しないこと及び受託者の利益を害しないことが明らかであるとき
　受益者による受託者に対する意思表示によってすることができます（信託法149条3項2号）。

オ　信託行為に別段の定めがあるとき
　その定めるところによります（信託法149条4項）。

カ　特別の事情による信託の変更を命ずる裁判

　信託行為の当時、予見することのできなかった特別の事情により、信託事務の処理の方法に係る信託行為の定めが、信託の目的及び信託財産の状況その他の事情に照らして受益者の利益に適合しなくなるに至ったときは、裁判所は、委託者、受託者又は受益者の申立てにより、信託の変更を命ずることができます。（信託法 150 条 1 項）。

図表 2-15 信託の変更

	変更当時者			方法
	委託者	受託者	受益者	
（1）原則	○	○	○	合意
（2）ア　信託の目的に反しないことが明らかであるとき	×	○	○	合意
（2）イ　信託の目的に反しないこと及び受益者の利益に適合することが明らかであるとき	×	○	×	受託者の書面又は電磁的記録によってする意思表示
（2）ウ　受託者の利益を害しないことが明らかであるとき	○	×	○	委託者及び受益者の受託者に対する意思表示
（2）エ　信託の目的に反しないこと及び受託者の利益を害しないことが明らかであるとき	×	×	○	受益者の受託者に対する意思表示
（2）オ　信託行為に別段の定めがあるとき	○	○	○	その定めるところによる
（2）カ　特別の事情による信託の変更を命ずる裁判	○	○	○	裁判所は、委託者、受託者又は受益者の申立てにより、信託の変更を命ずることができる

（3）注意事項

ア　別段の定め

　委託者が死亡してその地位が相続されていないなど、委託者が現存しない場合には、委託者が変更当事者となる変更はできません（信託法149条5項）。

　これを回避するために、信託行為に別段の定めをして対応できるようにしておく必要があります。

イ　課税

　変更内容によっては、課税関係が生じることがあります。

30 信託の終了

（1）終了事由
ア 委託者及び受益者の合意
　委託者及び受益者は、いつでも、その合意により、信託を終了することができます（信託法164条1項）。なお、委託者が現存しない場合には、この規定は適用しません（信託法164条4項）。
　また、信託行為に別段の定めがあるときは、その定めるところによります（信託法164条3項）。

イ 信託の目的を達成したとき、又は達成することができなくなったとき（信託法163条1号）

ウ 受託者が受益権の全部を固有財産で有する状態が1年間継続したとき（信託法163条2号）

エ 受託者が欠けた場合であって、新受託者が就任しない状態が1年間継続したとき（信託法163条3号）
　個人受託者の場合には、死亡などに備えて、後継受託者の定めをしておきます。

オ 信託財産が費用等の償還等に不足している場合に、受託者が信託を終了させたとき（信託法163条4号, 52条）

カ 信託行為において定めた事由が生じたとき（信託法163条9号）
　「受益者が死亡したとき」などが考えられます。

キ 信託の終了を命ずる裁判があったとき（信託法163条6号）

① 特別の事情による信託の終了を命じる裁判

　信託行為の当時、予見することのできなかった特別の事情により、信託を終了することが、信託の目的及び信託財産の状況その他の事情に照らして、受益者の利益に適合するに至ったことが明らかであるときは、裁判所は、委託者、受託者又は受益者の申立てにより、信託の終了を命じることができます（信託法165条1項）。

② 公益を確保するために信託の終了を命じる裁判

　裁判所は、次に掲げる場合において、公益を確保するため信託の存立を許すことができないと認めるときは、法務大臣又は委託者、受益者、信託債権者その他の利害関係人の申立てにより、信託の終了を命じることができます（信託法166条1項）。

(a) 不法な目的に基づいて信託がされたとき。

(b) 受託者が、法令若しくは信託行為で定めるその権限を逸脱し若しくは濫用する行為又は刑罰法令に触れる行為をした場合において、法務大臣から書面による警告を受けたにもかかわらず、なお継続的に又は反覆して当該行為をしたとき。

ク 信託財産についての破産手続開始の決定があったとき（信託法163条7号）

ケ 委託者が破産手続開始の決定、再生手続開始の決定又は更生手続開始の決定を受けた場合において、信託契約の解除がされたとき（信託法163条8号）

コ 信託の併合がされたとき（信託法163条5号）

（2）信託の清算

ア　清算の開始原因

　信託が終了した場合には清算をしなければなりません（信託法175条）。

イ　信託の存続の擬制

　信託は、終了した場合においても、清算が結了するまでは存続するものとみなします（信託法176条）。

ウ　清算受託者の職務

　清算受託者（信託が終了した時以後の受託者）は、以下の職務を行います（信託法177条）。

① 現務の結了
② 信託財産に属する債権の取立て及び信託債権に係る債務の弁済
③ 受益債権（残余財産の給付を内容とするものを除く）に係る債務の弁済
④ 残余財産の給付

エ　清算受託者の権限等

　清算受託者は、信託の清算のために必要な一切の行為をする権限を有します。ただし、信託行為に別段の定めがあるときは、その定めるところによります（信託法178条1項）。

オ　清算受託者の職務の終了等

　清算受託者は、その職務を終了したときは、遅滞なく信託事務に関する最終の計算を行い、信託が終了した時における受益者及び帰属権利者（以下「受益者等」）のすべてに対し、その承認を求めなければなりません（信託法184条1項）。

受益者等が承認を求められた時から1か月以内に異議を述べなかった場合には、承認したものとみなします(信託法184条3項)。

受益者等が承認した場合には、受益者等に対する清算受託者の責任は免除されたものとみなします。ただし、清算受託者の職務の執行に不正の行為があったときは、この限りではありません（信託法184条2項）。

（3）残余財産の帰属

ア　残余財産の帰属者等

清算受託者は、残余財産の給付を行いますが（信託法177条4号）、残余財産の帰属者として、次に掲げる者を定めています（信託法182条1項）。

① 残余財産受益者

信託行為において、残余財産の給付を内容とする受益債権に係る受益者となるべき者として指定された者

② 帰属権利者

信託行為において、残余財産の帰属すべき者となるべき者として指定された者

イ　残余財産受益者若しくは帰属権利者の指定に関する定めがない場合又は指定を受けた者のすべてがその権利を放棄した場合

信託行為に、委託者又はその相続人その他の一般承継人を帰属権利者として指定する旨の定めがあったものとみなします。

それでも残余財産の帰属者が定まらないときは、清算受託者に帰属します（信託法182条2項、3項）。

ウ　残余財産受益者と帰属権利者の違い

どちらも残余財産の帰属者ですが、受益者としての権利を有する期間に違いがあります。

① 残余財産受益者
　信託の効力発生時から受益者の権利を有します。

② 帰属権利者
　信託の終了前に信託に係る権利を有しませんが、信託の清算中
は受益者とみなします。

③ 選択
　個別事情に応じて選択しますが、受益者と異なる人を残余財産
受益者にすると、信託終了前に残余財産受益者としての権利行使
が可能になります。混乱が生じることもあるため、信託終了後に
おいてのみ権利をもつ帰属権利者の選択が多くなります。

図表2-16 残余財産受益者・帰属権利者

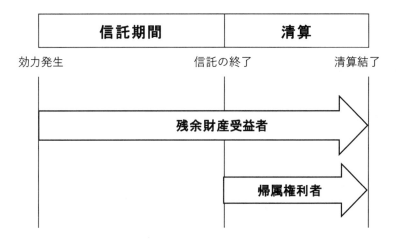

第3章

信託の詳細

1　信託と所有権

（1）所有権
　所有者は法令の制限内において、自由にその所有物の使用、収益及び処分をする権利を有しています（民法 206 条）。
　所有権は、①使用・収益権と②管理・処分権が不可分一体になった物権です。

（2）信託
　信託は、①使用・収益権と②管理・処分権に分け、それぞれを別の人が有することができる仕組みです。
① 使用・収益権
　　有する人が受益者
② 管理・処分権
　　有する人が受託者
　例えば、自益信託で委託者兼受益者の判断能力があるうちに、管理・処分権を受託者に移しておけば、委託者が判断能力を喪失しても、受託者による財産管理が可能になります。
　この仕組みがあることで、事業承継で使い勝手がよくなります。

図表 3-1　所有権と信託

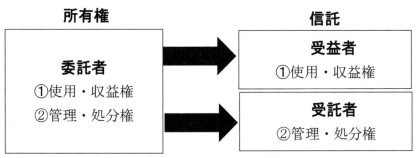

（3）賃貸マンションの事例

賃貸マンションの事例で、所有権と信託の比較を行います。

ア　所有権

次の①使用・収益権と②管理・処分権が不可分一体になります。

① 使用・収益権

(a) 入居者から家賃、礼金を受け取る

(b) マンション売却代金を受け取る

② 管理・処分権

(a) 入居者と賃貸借契約をする

(b) 工事業者と修繕契約をする

(c) 売買契約をする

所有者は、使用・収益権のために、大家の仕事である管理・処分等を行いますが、認知症になり、管理・処分等が難しくなると、成年後見人等を選任します。

図表3-2　所有権の場合

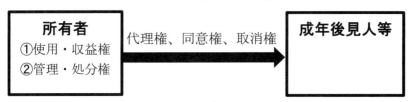

イ　信託

信託では、②管理・処分権を受託者に移し、受益者は、①使用・収益権だけを有します。

受託者が大家の仕事を行ってくれるので、受益者は大家の仕事をすることなく、経済的利益を享受できます。

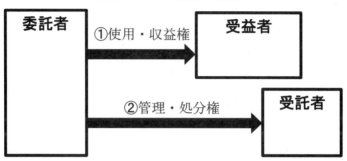

図表 3 - 3　信託の場合

2 信託の機能

信託は「財産の長期的管理機能」「転換機能」「倒産隔離機能」を有し、さまざまなニーズに応えることができます。

（1）財産の長期的管理機能

委託者の財産を受託者に移転し、受託者が委託者に代わって受益者のために財産を管理運用、処分、承継させる機能で、さらに次の4機能に細分化されます。

ア　意思凍結機能

信託設定時の信託目的は、委託者が意思能力を失ったり、死亡したりしても影響を受けず、信託の終了まで長期間にわたって維持することができる機能です。

イ　受益者連続機能

複数の受益者に信託受益権を連続して承継させる機能です。

ウ　受託者裁量機能

信託設定時に想定していない事情が発生しても、受託者が裁量権を行使して事務処理を行う機能です。

エ　利益分配機能

受益者に信託から生じる利益を給付する機能です。

（2）転換機能

信託財産が信託受益権という権利になり、その財産の属性や数、財産権の性状などを転換する機能です。

受益権の切分けを自由な形で行うことができるので、同じ権利を持つ複数の受益権や中身の異なる受益権にできます。

ア　同じ権利を持つ複数の受益権の例

不動産を信託し、受益権を小口化して投資家に売却できます。

イ　中身の異なる受益権の例

信託財産の管理及び運用によって生ずる利益を受ける権利である収益受益権と、信託財産自体を受ける権利である元本受益権に分けることができます。

収益受益権を有する者(収益受益者)と元本受益権を有する者(元本受益者)が異なるものを「受益権が複層化された信託」といいます（相続税法基本通達9－13）。

民法では、財産から生ずる利益を受ける権利とその財産自体を受ける権利を分離することはできませんが、信託では可能です。

（3）倒産隔離機能

信託財産は受託者に属する財産（信託法2条3項）で、委託者の財産ではありません。

信託財産は受託者に属する財産ですが、受託者の固有財産ではなく、分別管理されています。

以上により、委託者又は受託者が破産等しても、信託財産は守られ、これを倒産隔離機能といいます。

ア　委託者の破産等

① 委託者の破産等への備え

委託者の事業が順調であっても、将来、事業内容が悪化し、倒産、破産することがありえます。

このような事態に備えて、配偶者や子を受益者とする他益信託を設定しておくと、委託者が破産等手続開始の決定を受けた場合であっても、信託財産は受託者に属する財産であるため、破産財団等には属しません。

② 詐害信託の取消し等

　ただし、破産する直前に、委託者がその債権者を害することを知って信託をした場合には、債権者は詐害行為取消請求等をすることができます（信託法 11 条 1 項、4 項、5 項、民法 424 条 3 項）。

イ　受託者の破産等

　経済活動の結果、受託者も破産等するリスクがあります。

　受託者が破産等手続開始の決定を受けた場合であっても、信託財産に属する財産は、破産財団等には属しません（信託法 25 条 1 項、4 項、7 項）。

ウ　信託財産に属する財産に対する強制執行等の制限

　信託財産責任負担債務に係る債権に基づく場合を除き、信託財産に属する財産に対しては、強制執行、仮差押え、仮処分若しくは担保権の実行若しくは競売（担保権の実行としてのものを除く）又は国税滞納処分をすることができません（信託法 23 条 1 項）。

図表 3-4　信託財産に対する強制執行等の制限（委託者）

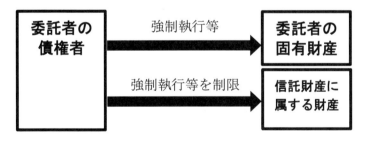

図表3-5 信託財産に対する強制執行等の制限（受託者）

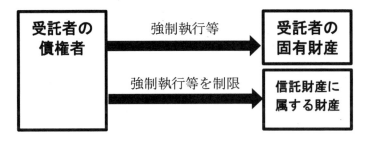

エ 受益者の破産等

　受益者が有するのは受益権で、受益者の財産であるため、受益権は受益者の破産財団に属することになります(破産法34条1項)し、受益者の債権者の差押えの対象になります。

3　遺留分

（1）事業承継の諸対策
　事業承継では後継者不在が最も重い問題ですが、それをクリアーできても、後継者の議決権割合確保の対策、遺留分対策、現経営者の認知症対策、相続税・贈与税対策と対応しなければいけないことが、次々と出てきます。
　どの対策も適切に対応しないと、後継者を経済的に追い詰めるだけでなく、争族で精神的に苦しめることにもつながります。

（2）議決権割合の確保
　後継者は地位を安定させるために、十分な議決権割合を確保しなければなりません。
　その議決権割合は、株主総会の特別決議（定款変更、事業譲渡等）が可能になる3分の2以上です。

（3）遺留分制度
　十分な議決権割合を確保するために、後継者は自社株式を集中して承継しなければなりませんが、そこに立ちはだかるのが遺留分制度です。
　遺留分とは、一定の相続人が最低限の財産を相続できるよう保障されている相続財産の一定割合のことです。
　例えば、被相続人が「全財産を第三者に遺贈する」という遺言をしていた場合に、遺族の生活を保障するために、この制度が定められています。
　兄弟姉妹以外の相続人には、遺留分を算定するための財産の価額に、次の割合を乗じた額の遺留分があります（民法 1042 条 1 項）。
① 直系尊属（被相続人の親、祖父母等）のみが相続人である場
　合　3分の1

② ①以外の場合（配偶者や子が含まれている場合）　２分の１

　相続人が数人ある場合には、これらに各自の法定相続分を乗じた割合とします。（民法1042条２項）。

（４）遺留分侵害額請求

　後継者が自社株式を集中して承継すると、他の法定相続人から、遺留分侵害額請求を受ける可能性があります。

　遺留分侵害額請求とは、遺留分を侵害された法定相続人が、遺贈や贈与を受けた者に対して行う、遺留分侵害額に相当する金銭の請求です[1]。

　民法改正で、令和元年７月１日以降の相続は、遺留分侵害額請求となりましたが、令和元年６月30日以前に発生した相続では、財産そのものを取り戻す遺留分減殺請求でした。

　遺留分減殺請求においては「自社株式や事業用資産の（準）共有関係が当然に生じる」問題がありましたが、遺留分侵害額請求になることで解消されました。

　しかし、一方で、自社株式が相続財産のかなりの部分を占め、現金が少ない場合には、後継者の経済的負担が大きくなります。

（５）遺留分対策
ア　遺留分侵害額請求に対する資金の準備

　遺留分侵害額請求が予想される場合には、これに備えて資金を準備しますが、生命保険がよく使われます。

イ　遺留分を侵害しない財産配分の実施

　財産の状況は変動し、相続開始時の予測が困難なので、確実性がありません。

---

[1] 遺留分権利者との合意があれば、金銭の支払いにかえて、相続財産や受遺者固有の財産での代物弁済は可能です。代物弁済を行う場合には、課税関係に注意してください。

ウ　経営承継円滑化法の民法の特例

　一定の要件を満たす後継者が、現経営者の推定相続人全員と次の合意を行い、手続き（経済産業大臣の確認、家庭裁判所の許可）を経ることで、遺留分に関して受けることができる特例です。

① 除外合意

　後継者が贈与などにより取得した自社株式等について、遺留分を算定するための財産の価額に算入しない旨の合意です。

② 固定合意

　後継者が贈与などにより取得した自社株式等について、遺留分を算定するための財産の価額への算入価額を合意時の価額とする旨の合意です。

エ　相続開始前の遺留分の放棄（民法 1049 条）

　放棄する推定相続人が、自ら家庭裁判所の許可を受ける手続のため、利用しにくい方法です。

（6）信託の利用

　後継者への議決権集中と後継者以外の相続人の遺留分を満たす信託があります。

　後継者が必要なのは自社株式そのものではなく、議決権であるため、後継者が受託者になる信託で議決権を集中します。

　一方、後継者以外の相続人が、信託財産から生じる経済的利益（配当金、株式売却による代金等）を受ける権利を取得することで遺留分対応を行います。

図表3-6 議決権の集中と遺留分を満たす信託

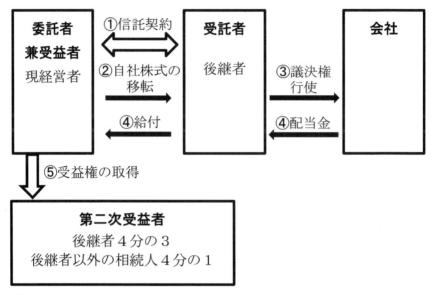

① 信託契約

委託者(現経営者)が受託者（後継者）と信託契約を結びます。自社株式の名義（議決権）は受託者に移転し、権利（配当を受ける権利、株式売却による代金を受ける権利等）は委託者が取得します。

② 自社株式の移転

委託者が受託者に対して自社株式を移転します。

③ 議決権行使

受託者が株主総会で議決権を行使します。

④ 配当金・給付

受託者は会社から配当金を受け取り、信託報酬・諸経費を控除した残額を信託利益として受益者（現経営者）に給付します。

⑤ 受益権の取得

委託者の死亡で、第二次受益者となる後継者及び後継者以外の相続人が受益権を取得します。

受益権割合を後継者が4分の3、後継者以外の相続人が4分の1とすることで、後継者以外の相続人の遺留分を満たします（簡略化のため、相続人は子である後継者と後継者の兄弟姉妹とし、相続財産は自社株式のみと想定）。

（7）遺留分制度の現状

ア　後継者の役割

中小企業の後継者は自分の人生を社業にささげることを決め、日々粉骨砕身し、責任重大な役割を担っていきます。

一方、後継者以外の相続人は、人生の自由な選択を許された面もあり、そのような立ち位置にいながら、遺留分を当然の権利のように主張すれば争族になりがちです。

後継者以外の相続人からみると、後継者は多くを相続して不公平に感じるのかもしれませんが、非上場の自社株式に財産価値はあっても換金性はほとんどなく、後継者の意思だけで自由に売却できるわけでもありません。

多くは、先代から引継ぎ、次世代につないでいくだけであり、途中で廃業、破産するリスクもあります。

イ　後継者に求められる対応

後継者に自社株式を集中させることと遺留分対応は、逆方向に向いていることを同時に満たすことになるので、かなりの難題です。

後継者は議決権を確保するために、多額の債務を負担してでも遺留分権利者の権利を満たさなければなりません。

理不尽であっても、遺留分で争い、家庭裁判所の調停、審判となると、後継者に勝ち目はほとんどないからです。

ウ　遺留分制度の現状

　遺留分制度は、本来、家督を継ぐ人の相続財産が他者に流れて
しまったときに、一定割合の財産を取り戻す制度です。

　しかし、現在では、家督を継がない人が家督を継ぐ人から一定
割合の相続財産をはぎ取る面が強くなってきています。

4 後継ぎ遺贈型受益者連続信託

（1）後継ぎ遺贈
ア 定義
　後継ぎ遺贈とは、遺贈者Ａ（現経営者）が財産を第一次受遺者Ｂ（後継者）に遺贈するが、Ｂがこの財産の所有権を有するのはＢの存命中だけで、Ｂの死亡後は、Ａが定めた第二次受遺者Ｃ（Ｂの後継者）がＡ（Ｂではない）からの遺贈により取得する、という遺贈です。

図表3-7　後継ぎ遺贈

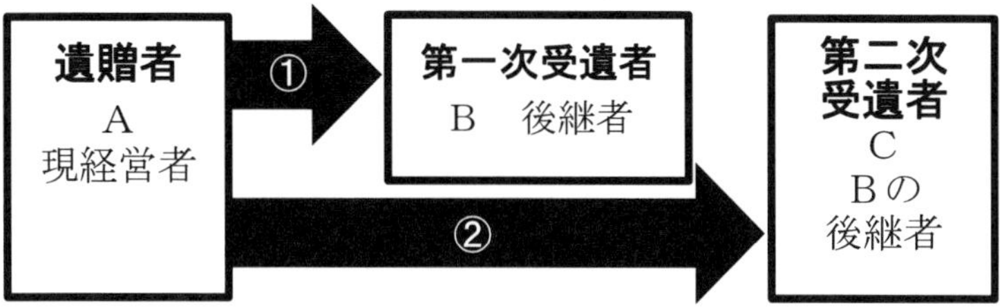

① 遺贈者Ａが第一次受遺者Ｂに遺贈
② Ｂが死亡すると、Ａが定めた第二次受遺者ＣがＡ（Ｂではない）からの遺贈により取得

イ 後継ぎ遺贈は無効
　後継ぎ遺贈が有効だとすれば、民法とは異なる相続のルールで財産を承継できるので、後継ぎ遺贈に対する実務上のニーズは多くあります。
　しかし、民法では、存続期間を一定期間に限った所有権は認められないなどの理由で、後継ぎ遺贈を無効とする説が有力です。

（2）後継ぎ遺贈型受益者連続信託

ア　受益者連続型信託

　次の①②により受益者を連続させることができ、受益者連続型信託といいます（相続税法9条の3第1項）。

① 受益者の死亡により、他の者が新たに受益権を取得する旨の定めのある信託（信託法91条）

② 受益者指定権等を有する者の定めのある信託（信託法89条1項）

イ　後継ぎ遺贈型受益者連続信託

　上記ア①の先順位受益者の死亡を受益者変更事由とする信託を後継ぎ遺贈型受益者連続信託と言います。

　信託では、民法で対応できないことが可能になりますが、後継ぎ遺贈型受益者連続信託が代表的なもので、委託者（現経営者）が受益者を連続して定めることができます[1]。

ウ　後継ぎ遺贈型受益者連続信託における受益権の承継方法

　受益権の承継方法には次の①②があります（信託法91条）。

① 受益者の死亡により、当該受益者の有する受益権が消滅し、他の者が新たな受益権を取得する旨の定めのある信託

② 受益者の死亡により、順次他の者が受益権を取得する旨の定めのある信託

　①②の選択によって、遺留分の認識に差が生じると考えられています。

---

[1] 受益者が信託設定時にまだ産まれていなくても、受益者として定めておくこともできます。

エ　受益者の死亡により、当該受益者の有する受益権が消滅し、他の者が新たな受益権を取得する旨の定めのある信託

図表3-8　後継ぎ遺贈型受益者連続信託1

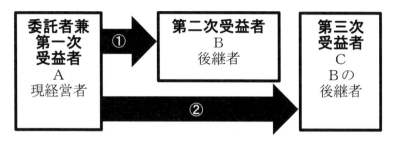

① Aの死亡

　委託者兼第一次受益者A（現経営者）の死亡で、Aの有する受益権が消滅し、第二次受益者B（後継者）が新たな受益権を取得します。

② Bの死亡

　次にBの死亡で、Bの有する受益権が消滅し、第三次受益者C（Bの後継者）は、直前の受益者Bからではなく、委託者Aから新たな受益権を取得するものとして取り扱います。

　この場合、遺留分は一次相続時に織込み済みになり、二次相続時には遺留分の対象にならないと考えられていますが、最高裁の判例がなく、遺留分の対象にならないと言い切れないことには注意してください。

オ　受益者の死亡により、順次他の者が受益権を取得する旨の定
　めのある信託

図表 3 - 9　後継ぎ遺贈型受益者連続信託 2

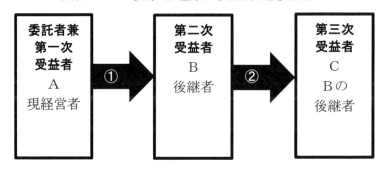

① Aの死亡
　委託者兼第一次受益者Aの死亡で、第二次受益者BはAから受
益権を取得します。
② Bの死亡
　次にBの死亡で、第三次受益者Cは、委託者Aからではなく、
直前の受益者Bから受益権を取得します。
　この場合、CはBから受益権を取得するので、二次相続時も遺
留分の対象になります。

カ　信託期間
　後継ぎ遺贈型受益者連続信託は永遠に続くのではなく、次の30
年ルールが適用されます。
【30年ルール】
　信託がされた時から30年を経過した時以後に、新たに受益権を
取得した受益者が、死亡した時点又は受益権が消滅した時点で、
信託は終了します（信託法91条）。
例1 信託がされた時から30年を経過した時、第一次受益者A（現
経営者）が生存している場合

その後Aが死亡し、新たに受益権を取得した第二次受益者B（後継者）が死亡した時点で、信託は終了します。

例2 信託がされた時から30年を経過する前に、A（現経営者）は死亡し、すでにB（後継者）が受益権を取得している場合

30年を経過した後にBが死亡し、新たに受益権を取得した第三次受益者C（Bの後継者）が死亡した時点で、信託は終了します。

キ　税務
新受益者が、直前の受益者からの遺贈により受益権を取得したものとみなし（みなし相続）、新受益者に対して相続税が課税されます（相続税法9条の2第2項）。

（3）配偶者側一族等が自社株式を相続する事例
現経営者夫婦に子がなく、両親等尊属が全員亡くなっている事例を考えます。

現経営者が亡くなり、配偶者が承継した財産は、次に配偶者が何も対策をせずに亡くなると、配偶者の親、配偶者の兄弟姉妹が相続することになります。

また、配偶者が再婚すると、再婚相手が相続することになります。

相続財産に自社株式が含まれていると、配偶者経由で配偶者側一族や配偶者の再婚相手が株主になる可能性があります。

図表3-10 配偶者側一族等が自社株式を相続する事例

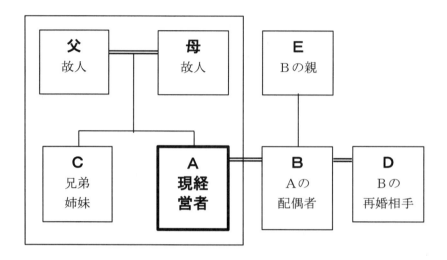

① 現経営者Aが自社株式を配偶者Bに遺贈しました。
② 次にBが亡くなり、何も対策をしていないと、再婚相手Dと親 Eが法定相続人になります。（BとDの間に子がいない場合）
③ Aは、Bが亡くなった後に、Aの兄弟姉妹Cが自社株式を取得 するようにしたくても、Aの遺言では後継ぎ遺贈となり、無効 とする説が有力です。
④ Bが遺言書を書いてくれて、Cに自社株式を遺贈してくれれば、 Cは自社株式を取得できますが、D、Eの遺留分を侵害してい る場合には、D、EはCに対して遺留分侵害額請求を行う可能 性があります。Cが金銭で支払ができないときに、自社株式で 代物弁済をすると、D、Eが株主になります。

　以上のようなことを回避するために、A→B→Cの順に受益者 とする後継ぎ遺贈型受益者連続信託を利用します。
　これでBに遺言書を書いてもらうことなく、Bが亡くなった後

にＣが自社株式を取得できます。

「受益者の死亡により、受益権が消滅し、他の者が新たな受益権を取得する定め」にすると、ＣはＢから受益権を承継取得するのではなく、委託者Ａから直接取得することになります。

この場合、遺留分は、一次相続時に織込み済みになり、二次相続におけるＢの法定相続人Ｄ、Ｅの遺留分の対象にならないと考えられています。（ただし、最高裁の判例がなく、二次相続で遺留分の対象にならないと言い切れないことには注意してください。）

（４）再婚配偶者が自社株式を相続する事例

現経営者の配偶者が亡くなり、その後再婚した事例を考えます。

現経営者が再婚すると、現経営者が亡くなった時に、再婚配偶者は相続分、遺留分を有することになります。次に再婚配偶者が何も対策をせずに亡くなると、再婚配偶者が承継した財産は再婚配偶者の子が相続することになります。

相続財産に自社株式が含まれていると、再婚配偶者の子が株主になる可能性があります。

図表3-11 再婚配偶者が自社株式を相続する事例

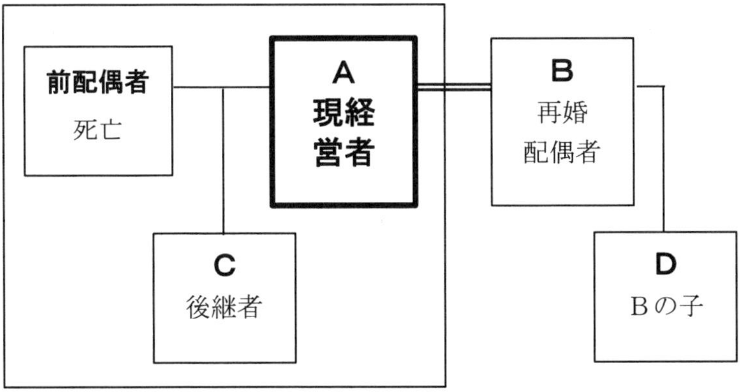

① 現経営者Ａが亡くなると、再婚配偶者Ｂと後継者Ｃが法定相続

125

人となり、Bが自社株式を相続する可能性があります。

② 次に、Bが何も対策をせずに亡くなると、Bの子Dが法定相続人になり、自社株式を含めた全財産を相続します。

③ Aは、Bに自社株式を遺贈し、Bが亡くなった後に、後継者Cが取得するようにしたくても、Aの遺言では後継ぎ遺贈となり、無効とする説が有力です。

④ Bが遺言書を書いてくれて、Cに自社株式を遺贈してくれれば、Cは自社株式を取得できますが、Dの遺留分を侵害している場合には、DはCに対して遺留分侵害額請求を行う可能性があります。Cが金銭で支払ができないときに、自社株式で代物弁済をすると、Dが株主になります。

　以上のようなことを回避するために、A→B→Cの順に受益者とする後継ぎ遺贈型受益者連続信託を利用します。

　これでBに遺言書を書いてもらうことなく、Bが亡くなった後に、Cが自社株式を取得できます。

　「受益者の死亡により、受益権が消滅し、他の者が新たな受益権を取得する定め」にすると、CはBから受益権を承継取得するのではなく、委託者Aから直接取得することになります。

　この場合、遺留分は、一次相続時に織込み済みになり、二次相続におけるBの法定相続人Dの遺留分の対象にならないと考えられています。（ただし、最高裁の判例がなく、二次相続で遺留分の対象にならないと言い切れないことには注意してください。）

（5）その他の後継ぎ遺贈型受益者連続信託の利用事例
ア 後継者に子がいない事例
　後継者が亡くなった後に、後継者の兄弟姉妹や甥姪が、自社株式を承継するようにしたい場合に、後継ぎ遺贈型受益者連続信託を利用します（A→B→C→Dの順）。

図表 3-12 後継者に子がいない事例

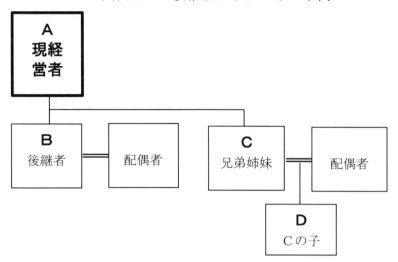

イ 離婚した元配偶者との間の子が自社株式を承継する事例
　元配偶者との間の子Bが承継した場合に、Bが早く亡くなり、配偶者や子がいないときには、元配偶者が自社株式を相続します。
　自身の兄弟姉妹Cや甥姪Dに承継させたいときに、後継ぎ遺贈型受益者連続信託を利用します（A→B→C→Dの順）。

図表 3-13 離婚した元配偶者との間の子が承継する事例

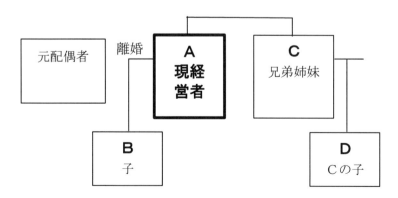

5　不動産共有信託

（1）不動産共有

　令和元年6月30日以前に発生した相続では、財産そのものを取り戻す遺留分減殺請求だったため、請求権の行使によって事業用不動産の共有が当然に生じていました。

　共有の状態が続くと争いの原因になるため、早期に解消するのがセオリーですが、税及び買取資金の負担が重く、なかなか解消できません。

（2）共有のデメリット

ア　不動産売却が困難になる

　売却時に共有者全員の同意が必要になりますが、全員の同意が得られず、いつまでも売却できないことがあります。

イ　共有者の死亡

　共有者の一人が死亡すると、その共有者の相続人との共有になり、共有にしている理由を理解していない人との共有がさまざまなリスクを生み出すことがあります。

ウ　共有者の認知症等

　共有者の一人が判断能力を喪失し、専門職の成年後見人等が選任されると、他の共有者と判断が異なることになる可能性があります。

（3）共有回避目的の信託

　何も対策をせずに相続になり、遺産分割協議がまとまらない場合に共有を選択することがあります。

　これを回避するために、相続前に不動産を信託し、推定相続人

のうちの一人を受託者にして、管理・処分権限を集中させます。

図表 3-14 共有回避目的の信託

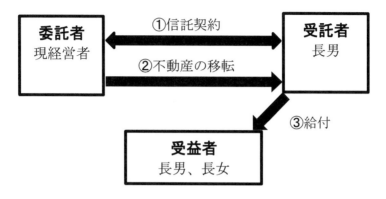

① 信託契約

　委託者(現経営者)が受託者（長男）と信託契約を結びます。

　不動産の名義は受託者に移り、受託者が信託財産の管理・処分等を行います。

　受益者は長男、長女とし、受益権割合を定めます。

② 財産の移転

　委託者が受託者に所有する不動産を移転します。

③ 給付

　受託者は不動産からの収益を受け取り、信託報酬・諸経費を控除した残額を信託利益として受益者に給付します。

（4）共有解消目的の信託

　既に共有になっている場合、相続が進むと権利関係が複雑になるので、共有の早期解消を目指します。

　信託によらない共有解消では、所得税、贈与税等の課税及び買取資金の負担が生じますが、信託ではこれらを回避できます。

共有者全員が委託者になり、共有者の一人や共有者以外の者を受託者にして、管理・処分権限を集中させます。

図表3-15は、先代からの相続で、現経営者と兄弟姉妹が不動産を共有しており、現経営者と兄弟姉妹が委託者、現経営者の長男を受託者にする信託です。

図表3-15 共有解消目的の信託

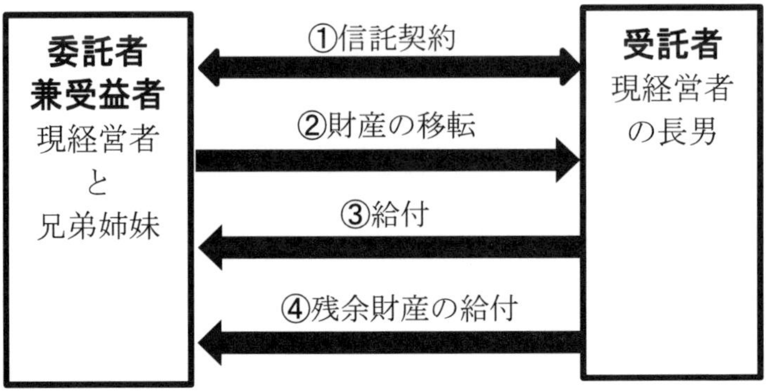

① 信託契約
委託者（現経営者と兄弟姉妹）が受託者（現経営者の長男）と信託契約を結びます。

不動産の名義は受託者に移り、受託者が信託財産の管理・処分等を行います。

受益者は現経営者と兄弟姉妹で、受益権割合を定めます。

② 財産の移転
委託者が受託者に不動産を移転します。

③ 給付
受託者は不動産からの収益を受け取り、信託報酬・諸経費を控除した残額を信託利益として受益者に給付します。

④ 残余財産の給付
受託者が不動産を売却し、信託を終了させ、帰属権利者と定めた現経営者と兄弟姉妹に残余財産を給付します。

6 信託の会計

受託者の義務として、帳簿等の作成等、報告及び保存の義務（信託法37条）があります。

（1）信託帳簿の作成

ア 義務

受託者は、信託帳簿（信託財産に係る帳簿その他の書類又は電磁的記録）を作成しなければなりません（信託法37条1項、信託法施行規則33条1号、信託計算規則4条1項）。

イ 形式

信託帳簿は、一つの書面等として作成する必要はなく、他の目的で作成された書類等をもって信託帳簿とすることができます（信託計算規則4条2項）。

単純な管理型の信託においては、仕訳帳、総勘定元帳等の「帳簿」と呼ぶべき書類を備えるまでの必要がないこともあり、「帳簿」に限定されないとされています（信託法改正要綱試案補足説明第23）。

（2）財産状況開示資料の作成

ア 義務

受託者は、毎年一回、一定の時期に、財産状況開示資料（貸借対照表、損益計算書その他の書類又は電磁的記録）を作成しなければなりません（信託法37条2項、信託法施行規則33条1号、信託計算規則4条1項、3項）。

イ 信託帳簿に基づいて作成

財産状況開示資料は、信託財産及び信託財産責任負担債務の概況を明らかにするもので、信託帳簿に基づいて作成しなければなりません（信託計算規則4条4項、5項）。

ウ　作成書類
　具体的に、どのような書類の作成が必要になるかは、信託の類型によって異なります（信託法改正要綱試案補足説明第 23）。
① 資産の運用を目的とする信託
　貸借対照表や損益計算書に類似する書類の作成が必要になると考えられます。

② 単に物の管理をするにすぎない信託
　財産目録に相当する書類が作成されれば足りると考えられています。

（3）会計の原則、会計慣行のしん酌
ア　会計の原則
　信託の会計は、一般に公正妥当と認められる会計の慣行に従うものとします（信託法 13 条）。

イ　会計慣行のしん酌
　用語の解釈及び規定の適用に関しては、一般に公正妥当と認められる会計の基準その他の会計の慣行をしん酌しなければなりません（信託計算規則 3 条）。

ウ　信託行為の趣旨のしん酌
　信託帳簿又は財産状況開示資料の作成に当たっては、信託行為の趣旨をしん酌しなければなりません（信託計算規則 4 条 6 項）。

（4）報告
　受託者は、財産状況開示資料を作成したときは、その内容について受益者に報告しなければなりません。
　ただし、信託行為に別段の定めがあるときは、その定めるところによります（信託法 37 条 3 項）。

（5）保存
ア　信託帳簿
　受託者は、その作成の日から 10 年間、当該書類等を保存しなければなりません。

　ただし、受益者に対し、当該書類、写しを交付したとき等は、この限りではありません（信託法 37 条 4 項）。

イ　信託財産の処分に係る契約書等
　受託者は、契約書等を作成し又は取得した場合には、その日から 10 年間保存しなければなりません。

　ただし、受益者に対し、当該書類、写しを交付したとき等は、この限りではありません（信託法 37 条 5 項）。

ウ　財産状況開示資料
　受託者は、信託の清算の結了の日までの間、当該書類等を保存しなければなりません。

　ただし、その作成の日から 10 年間を経過した後において、受益者に対し、当該書類、写しを交付したとき等は、この限りではありません（信託法 37 条 6 項）。

7　信託の税金 [1]

（1）受益者等課税信託

　信託財産の名義は委託者から受託者に移りますが、信託財産から生じる経済的利益は受益者が受けるため、受益者を税務上の所有者とみなして、課税関係を考えます。

　単に信託設定しただけでは、相続税、贈与税、所得税の節税にはならないのですが、余計に税金がかかることもなく、信託でない状態と同様の課税関係で処理されます。

（2）信託の効力発生時
ア　贈与税、相続税
① 自益信託

　委託者兼受益者とする自益信託を設定した場合、税務上、設定の前後で経済的な価値の移動がないことから、印紙税、登録免許税以外の課税関係は生じません。

② 他益信託

　委託者と受益者が異なる他益信託を設定した場合、税務上、設定の前後で委託者から受益者に経済的な価値が移動します。

　適正な対価を負担せずに受益者となった者は、受益権を委託者から贈与により取得したものとみなされ、贈与税が課税されます（相続税法9条の2第1項）。

　適正な対価を負担して受益者となった場合、その信託に関する権利の譲渡があったものとして、委託者に譲渡所得が生じ、所得税が課税されます（所得税法33条）。

---

[1] 税金には細かい規定や特例があります。実務においては、税務署、税理士への確認が必要になります。

③ 事業承継対策

　事業承継対策では次の4点をバランスよく検討していく必要があります。

（a）いつ承継を行うのか（承継時期）

（b）誰に承継させるのか（後継者）

（c）何をどれだけ承継させるのか（遺留分）

（d）納税資金確保と税の軽減対策（課税）

　「事業承継対策で重要なことはなにか」と質問すると、「まず、税対策」という答えがよく返ってきますが、税対策ありきで進めると、かえって支出が増えたり、お金で換算できない争いごとが発生したりすることがあります。

　例えば、自社株式の評価額が低いうちに後継者に生前贈与し、税負担の増加を回避した場合において、後継者の経営能力確認や後継意思確認が不十分で、後継者を変更することになると、税負担が膨らむことが考えられます。

イ　印紙税

　信託行為に関する契約書1通につき200円です（印紙税法別表第一第12号）。

　「信託行為に関する契約書」は「信託契約を証する文書」をいい、遺言信託を設定するための遺言書及び自己信託を設定するための公正証書その他の書面は、第12号文書には該当しません（印紙税法別表第一第12号文書1）。

ウ　登録免許税

① 財産権の移転の登記又は登録

　委託者から受託者に信託のために財産を移す場合は非課税です（登録免許税法7条1項1号）。

② 財産権の信託の登記又は登録

例 不動産の「所有権の信託の登記」に係る登録免許税

固定資産税評価額×4/1000（土地の場合、令和5年3月31日までは3/1000）（登録免許税法別表第一.1（十）イ、租税特別措置法72条1項2号）

エ 不動産取得税

　土地や家屋の購入、贈与、家屋の建築等で不動産を取得した時に、取得した者に対して課される税金です。

　委託者から受託者に信託財産を移す場合における不動産の取得は非課税です（地方税法73条の7第3号）。

　受託者に、便宜的に信託財産を移転しているだけで、実質的に不動産を取得したわけではないので、「形式的な所有権の移転等に対する不動産取得税の非課税」に該当します。

　不動産の名義変更登記を行うと、不動産取得税の納税通知書が送られてきますが、信託であることを説明すれば納税の必要はありません。

（3）信託期間中

ア　所得税

① 受益者が、信託財産に属する資産及び負債を有するものとみなし、かつ、信託財産に帰せられる収益及び費用は受益者の収益及び費用とみなして所得税が課せられます（所得税法13条1項）。

　例えば、賃貸マンションを信託した場合、賃貸マンションから生じる不動産所得は、受益者の所得とみなして課税されます。

② 不動産所得の金額の計算上、信託による不動産所得の損失の金額があるときは、当該損失の金額は生じなかったものとみなす（租税特別措置法41条の4の2）とされています。

　これは、信託財産から生じた不動産所得の損失は、信託をして

いない不動産から生じた不動産所得及び他の所得との損益通算ができない、純損失の繰越をすることができない、ということで、賃貸不動産の信託を行う場合のデメリットになります。

③ 適正な対価を負担して受益者の変更があった場合、変更前の受益者から変更後の受益者へ、その信託に関する権利の譲渡があったものとして、変更前の受益者に譲渡所得が生じ、所得税が課税されます（所得税法33条）。

イ 贈与税、相続税

　適正な対価を負担せずに受益者の変更があった場合、変更後の受益者は、受益権を変更前の受益者から贈与（遺贈）により取得したものとみなされ、贈与税（相続税）が課税されます（相続税法9条の2第2項）。

ウ 登録免許税

① 財産権の移転の登記又は登録

　受託者の変更に伴い、受託者であった者から新たな受託者に信託財産を移す場合における、財産権の移転の登記又は登録は非課税です（登録免許税法7条1項3号）。

例 不動産が信託財産である場合、「所有権の移転の登記」に係る登録免許税は非課税

② 財産権の信託の登記又は登録

　信託の登記又は登録の内容に変更があった場合には、変更の登記又は登録が必要になります。

例 不動産が信託財産である場合、「所有権の信託の登記」の変更に係る登録免許税は不動産1個につき 1,000 円（登録免許税法別表第一.1（十四））

エ　不動産取得税

① 受託者の変更

受託者の変更があった場合における、新たな受託者による不動産の取得は非課税です（地方税法73条の7第5号）。

新受託者に、信託財産を移転しているだけで、実質的に不動産を取得したわけではないので、「形式的な所有権の移転等に対する不動産取得税の非課税」に該当します。

② ①以外の変更

不動産取得税は、不動産を取得した時に、取得した人に対して課される税金です。

信託財産の所有者は受託者であるため、受託者以外の変更は、そもそも不動産の取得に該当しないので、不動産取得税は課税されません。

例 受益者の変更は不動産の取得に該当せず、不動産取得税は課税されません。

オ　固定資産税・都市計画税

固定資産税等の納税通知書は、不動産登記上の名義人である受託者に届きますが、支払いは信託財産から行います。

自宅のように収益を生まない不動産で、信託財産から支払えない場合は、委託者又は受益者が支払うことが多くなります。

（4）信託終了時

ア　贈与税、相続税

信託終了に伴い、残余財産が帰属権利者に引渡されると、帰属権利者に贈与税、相続税が課税される場合があります。

① 受益者＝帰属権利者の場合

信託終了の前後で経済的な価値の移動がないことから、登録免許税、不動産取得税以外の課税関係は生じません。

② 受益者≠帰属権利者の場合

　信託終了の前後で経済的な価値の移動があり、適正な対価を負担せずに帰属権利者となった者は、残余財産を受益者から贈与（遺贈）により取得したものとみなされ、贈与税（相続税）が課税されます（相続税法9条の2第4項）。

　適正な対価を負担して帰属権利者となった場合、その信託に関する権利の譲渡があったものとして、受益者に譲渡所得が生じ、所得税が課税されます（所得税法33条）。

イ　登録免許税

　受託者から帰属権利者に財産を移す時に、①財産権の移転の登記又は登録、②財産権の信託の登記又は登録を行います。

① 財産権の移転の登記又は登録

（a）原則

　課税されます。

　不動産が信託財産である場合の、所有権の移転の登記に係る課税額は、固定資産税評価額×20/1000となります（登録免許税法別表第一.1（二）ハ）。

（b）特例1　実質的な移転がなく非課税となる場合

　信託の効力が生じた時から、引き続き委託者のみが信託財産の元本の受益者である信託の、信託財産を受託者から当該受益者（当該信託の効力が生じた時から引き続き委託者である者に限る。）に移す場合は非課税です（登録免許税法7条1項2号）。

（c）特例2　相続による財産権の移転の登記又は登録とみなして、
　　　相続の税率を適用する場合

　信託の効力が生じた時から、引き続き委託者のみが信託財産の元本の受益者である信託の、信託財産を受託者から当初委託者の相続人である受益者に移す場合は、相続による財産権の移転の登

記又は登録とみなします（登録免許税法７条２項）。

例 不動産の「相続による所有権の移転の登記」に係る登録免許税
　固定資産税評価額×４/1000（登録免許税法別表第一.1（二）イ）

② 財産権の信託の登記又は登録
　抹消の登記又は登録が必要になります。

例 不動産の「所有権の信託の登記」の抹消に係る登録免許税
不動産１個につき 1,000 円（登録免許税法別表第一.1（十五））

ウ　不動産取得税

① 原則
　固定資産税評価額×４/100（地方税法 73 条の 13、15）
　(a) 令和６年３月 31 日までに宅地評価土地を取得した場合
　固定資産税評価額の２分の１（地方税法附則 11 条の５第１項）

　(b) 令和６年３月 31 日までの家屋（住宅）又は土地の取得が行
　　われた場合
　税率は３/100（地方税法附則 11 条の２第１項）

② 非課税となる場合
　信託の効力が生じた時から、引き続き委託者のみが信託財産の
元本の受益者である信託で、受託者から当該受益者（次の (a)(b)
いずれかに該当する者に限る。）に信託財産を移す場合における
不動産の取得は、非課税になります。（地方税法 73 条の７第４号）。
　(a) 当該信託の効力が生じた時から引き続き委託者である者
　(b) 当該信託の効力が生じた時における委託者から相続による
　　不動産の取得をした者

エ　信託を利用した税負担の軽減
　登録免許税、不動産取得税は相続税、贈与税、所得税と比較し

て目立たない税金ですが、信託の非課税、税率軽減で贈与や売買の５分の１以下の税額に抑えられることがあります。

不動産価格が高額の場合には、百万円単位で税額を軽減できます。

（5）信託受益権の評価額

贈与税や相続税を計算する時の信託受益権の評価額は、信託財産そのものを受益者が所有しているものとみなして計算した価額になります（財産評価基本通達202）。

ア　元本と収益の受益者が同一人である場合

① 受益者が１人の場合

課税時期における信託財産の価額が評価額になります。

② 受益者が２人以上の場合

課税時期における信託財産の価額に、その受益権割合を乗じて計算した価額が評価額になります。

イ　元本の受益者と収益の受益者とが異なる場合（受益権が複層化された信託）

信託財産の管理及び運用によって生ずる利益を受ける権利である収益受益権と、信託財産自体を受ける権利である元本受益権に分けることができます。

収益受益権を有する者（収益受益者）と元本受益権を有する者（元本受益者）とが異なるものを「受益権が複層化された信託」といいます（相続税法基本通達９－13）

① 収益受益権

課税時期の現況において推算した、受益者が将来受けるべき利益の価額ごとに、課税時期からそれぞれの受益の時期までの期間に応ずる基準年利率による複利現価率を乗じて計算した金額の合計額が評価額になります。

② 元本受益権

　課税時期における信託財産の価額から、①の収益受益権の評価額を控除した価額が評価額になります。

ウ　受益権が複層化された受益者連続型信託の場合

　受益権が複層化された信託で、受益者連続型の信託受益権の評価額は、上記イと異なり、次のようになります（相続税法基本通達9の3－1(2)(3)）。

① 収益受益権

　収益受益権の全部を取得した場合、信託財産の全部の価額が評価額になります。

② 元本受益権

　元本受益権の全部を取得した場合（次の (a) (b) を除く）、評価額は零（ゼロ）になります。

　(a) 収益受益権を法人が取得した場合

　(b) 収益受益権の全部又は一部の受益者が存しない場合

8　税務署へ提出する書類

（1）信託の効力発生時
　受託者は、信託の効力が生じた翌月末日までに、受益者別の調書を税務署長に提出しなければなりません。
　ただし、信託に関する権利又は信託財産の価額が 50 万円以下であること、自益信託であること等に該当する場合は、この限りではありません（相続税法 59 条 3 項、相続税法施行規則 30 条 7 項）。

（2）毎年定期
　受託者は、毎年 1 月 31 日までに、前年の信託財産の状況等を記載した信託の計算書を税務署長に提出しなければなりません（所得税法 227 条）。
　ただし、信託財産に帰せられる収益の額の合計額が 3 万円以下であるときは、一部を除いて提出することを要しません（所得税法施行規則 96 条 2 項、3 項）。

（3）信託の変更時
　受託者は、受益者や権利内容に変更が生じた翌月末日までに、受益者別の調書を税務署長に提出しなければなりません。
　ただし、信託に関する権利又は信託財産の価額が 50 万円以下であること等に該当する場合は、この限りではありません（相続税法 59 条 3 項、相続税法施行規則 30 条 7 項）。

（4）信託の終了時
　受託者は、信託の終了が生じた翌月末日までに、受益者別の調書を税務署長に提出しなければなりません。
　ただし、信託に関する権利又は信託財産の価額が 50 万円以下であること、終了直前の受益者に残余財産が帰属することに該当す

る場合は、この限りではありません（相続税法 59 条 3 項、相続税法施行規則 30 条 7 項）。

9 商事信託と民事信託

（1）商事信託と民事信託

　商事信託と民事信託は定義があるわけではなく、両者の境目は流動的ですが、本書においては、信託銀行や信託会社が受託者になる営業信託を商事信託、一般の法人個人が受託者になる非営業信託を民事信託とします。

（2）商事信託

ア　信託銀行

　柳沢慎吾、中井貴一、真田広之の3氏が出演している三菱ＵＦＪ信託銀行のコマーシャルを見たことがある人も多いと思いますが、日本では、信託銀行が主要な担い手である商事信託だけの状態が長く続きました。

　商事信託の目的は、収益追求型が多く、特金、ファントラといった信託がバブル期を象徴するものとなったこともありましたが、信託銀行は金融庁、日銀の監督下、信託を発展させてきました。

　ただ、信託銀行は大企業向けの取引が多く、個人取引は億円以上の金銭や一等地の不動産でないと、信託報酬や手数料が割高になりますし、審査の結果、受託を断られることもあります。

イ　信託会社

　信託会社の中には、小回りの利く対応をしてくれるところもありますが、不動産会社や生命保険会社の関連会社であることが多く、取扱業務が限られています。

　何ができる信託会社なのか、調べたうえで利用するようにしてください。

（3）民事信託

　一般の法人個人が受託者になる事業承継信託は、民事信託になります。

　初めて学ぶ人には、商事信託と民事信託の区別がつきにくいのですが、どちらが優れているというわけでなく、両者の長所を活かして適切に使い分ける、場合によっては併用することが上手な利用方法です。

図表 3-16　商事信託・民事信託

		商事信託	民事信託
営利目的		営利目的	営利目的でない
信託目的		収益追求型	財産保全型
受託者	個人	無	・家族、親族、親族外役員　従業員 ・未成年者はなれない
	法人	信託銀行 信託会社	一般社団法人が最適
メリット		・多額の金銭、不動産を専門家に任せ収益を追求できる	・条件を自由に決められ　制度設計の柔軟性が高い ・創造性がある
デメリット		・信託受託審査がある ・信託報酬が大きくなりがち ・商品がパッケージ化し柔軟性が低い	・管理の専門性が不足 ・受託者の適任者を探さないといけない

10 民事信託の分類と専門職

（1）分類
ア　民事信託の分類
　民事信託は歴史が浅いこともあり、民事信託という言葉自体も広く知られているわけではありません。
　民事信託は、中小企業向け信託の他に、認知症高齢者や障がい者支援目的の福祉型信託、地域再生型（まちづくり）信託、社会貢献型信託、その他の信託（飼い主亡き後にペットなどの世話をする目的の信託など）とさまざまに分類されます。

イ　中小企業向け信託
　中小企業向け信託には、事業承継信託、事業型信託、事業信託、資金調達信託、財産管理信託等があります。
　なお、中小企業向け信託は主に民事信託ですが、商事信託が扱うものもあります。

図表 3-17　信託の分類

商事信託	民事信託				
	中小企業向け信託	福祉型信託	地域再生型信託	社会貢献型信託	その他の信託

中小企業向け信託
事業承継信託
事業型信託
事業信託
資金調達信託
財産管理信託

（2）中小企業向け信託の専門職

ア　専門職の役割

　中小企業向け信託の受託者には、後継者、親族、親族外役員、従業員、一般社団法人が考えられます。

　いずれも信託のことをよく知らないので、専門職が次の事項で支援します。

① 信託を学ぶ場の提供

② 相談、調査、スキームの提案

③ 関係者、関係当局との調整、スキームの確定、信託設定

④ 信託実務開始後のフォロー

イ　専門職の分類

　「誰が中小企業向け信託の専門知識を有するのか」ですが、信託を**「よく知っている」**弁護士、司法書士、行政書士（法律系）、税理士、公認会計士（税務·会計系）、中小企業診断士（中小企業経営全般）等専門職が挙げられます。

　「よく知っている」としたのは、専門職は資格試験を通っており、最低限の品質保証はできるのですが、信託に精通している人はまだまだ少ないからです。

ウ　弁護士、司法書士、行政書士

　現在、信託をリードしているのは法律系の弁護士、司法書士、行政書士ですが、それぞれの資格試験において、信託法として独立した試験科目があるわけではありません[1]。全員が信託を勉強しているわけではない点に注意してください。

---

[1] 司法書士試験の 11 試験科目のうちの 1 科目、不動産登記法の一部に信託登記がある程度です。なお、信託先進国アメリカでは、信託法は司法試験の必須科目です。

エ　税理士、公認会計士

　税務・会計系で信託を「よく知っている」専門職は、法律系より少ない状態です。信託するだけで税の軽減があるのなら、多くの税理士が利用するのでしょうが、そうではないからです。

　ただ、税務・会計に特化するだけで成り立っていた税務・会計系専門職も、ＡＩ（Artificial Intelligence：人工知能）に業務を奪われてしまうという未来予想があり、今後、信託を取り扱う人が増えるものと思われます。

オ　中小企業診断士

　現状、中小企業診断士で、信託に精通している人はかなり少数です。

　ただ、中小企業向け信託をコーディネートする場合、単に法律や税務・会計に詳しいだけでは不十分で、企業全体を俯瞰してコンサルティングできる能力が求められます。

　この点で、中小企業診断士への期待は強くあり、今後、事業承継だけでなく、Ｍ＆Ａ、資金調達、知的財産権の分野で信託を利用する人が増えてくるものと思われます[1]。

カ　信託に精通した専門職を探す

　信託をよく知らない専門職に相談した場合、精通していない旨を言ってくれれば良心的なのですが、中途半端な知識で対応されることがあります。

　また、信託をよく知らないがゆえに、顧客に見送りをすすめ、顧客もそのままにしてしまうこともあるようです。

---

[1] 中小企業診断士は信託をコーディネートする役割になります。契約書類の作成は、弁護士、司法書士、行政書士の独占業務になるので、契約書類の作成に至らないよう注意してください。

「早く信託を知り、利用しておけば良かった。」という後悔の声を聞くので、信託に関心があれば、信託に精通した専門職を探しだすようにしてください。

第4章

信託と遺言、生前贈与の比較

本章では、従来から利用されてきた遺言と生前贈与について説明を行い、信託との比較をします。

1　信託と遺言の比較

（1）遺言
　民法では相続人の範囲や法定相続分を定めていますが、これと異なる被相続人の意思がある場合に遺言を利用します。
　遺言は、遺言者の財産を帰属させる人を指定する最後の意思表示で、遺言者の死亡の時からその効力を生じます（民法985条）。
ア　遺言がない場合
　共同相続人は、その協議で、遺産の分割をすることができます（民法907条1項）。
　協議が調わないとき又は協議をすることができないときは、その分割を家庭裁判所に請求することができます（民法907条2項）。
　遺産分割協議には次のデメリットがあります。
① 後継者への自社株式、事業用資産の集中が難しい
　法定相続分が基準となるため、後継者に自社株式、事業用資産を集中することが難しくなります。

② 時間がかかり経営の空白が生じる
　平等な相続を主張する相続人が一人でもいれば、なかなか決着しません。
　年単位の時間がかかることもよくあり、調停、審判になるとさらに時間を要します。

③ 相続人が数人あるときは、遺産分割が終了するまで、相続財
　産は、その共有に属する（民法898条）
例 遺産が自社株式300株で、相続人が3人、法定相続分が各人3分の1のケース

相続人がそれぞれ 100 株ずつ保有するのではなく、1株を3分の1ずつで共有し、それが 300 株あることになります。

共有者は、議決権等の権利を行使する者一人を定めます（会社法 106 条）が、共有者の意見が一致しない場合、議決権の行使は持分の過半数によって決定されます。

後継者以外の相続人2人が結託すれば、持分合計3分の2で過半数となるため、各株式の議決権行使者を指定でき、300 株全株の議決権行使が可能になります。

④ 争族が起こりやすい

相続人は、いい財産が欲しいので、遺産分割協議をすること自体が争族を招きがちです。

「売り言葉に買い言葉」、仲が良かったはずの相続人の口から、それまで思ってもいなかった言葉が出てきます。相続人の気持ちが変化し、配偶者の考えが反映されることもよくあります。

家督相続制度であればやりやすいのですが、現在は共同相続制度が採用されていることから、争族が発生しやすくなっています。

イ　遺言が効果を発揮するケース

遺産分割協議を回避するために、遺言を利用するのですが、遺言は次のような場合において効果を発揮します。
① 特定の財産を特定の人に承継させたい場合
② 夫婦の間に子がいない場合
③ 子の配偶者に財産を贈りたい場合
④ 内縁の妻に財産をのこしたい場合
⑤ 相続人がいない場合（特別な事情がない限り、遺産は国庫に帰属）
⑥ 相続人間で争いがある場合、予測される場合
⑦ 前婚の子がいる場合
⑧ 遺産を寄付したい場合

⑨ 相続権のない孫に財産を贈りたい場合

ウ　遺言の種類

　遺言は、自筆証書、公正証書又は秘密証書によってしなければなりません（民法 967 条）。
① 自筆証書遺言（全文自筆の遺言）[1]
② 公正証書遺言（公証役場で公証人に作成してもらう遺言）
③ 秘密証書遺言（自ら書いた遺言を入れて密封した封筒を公証役場に持って行き、公証人に遺言があるということを認証してもらう遺言）

エ　公正証書遺言の利用

　遺言作成時の手間と費用がかかるものの、次の理由で公正証書遺言を利用します。
① 紛失、偽造、変造、隠匿、滅失のおそれがない
② 家庭裁判所の検認手続きが不要
③ 遺言の方式上の不備で無効になることがない
④ 遺言能力欠如による無効になりにくい
⑤ 遺言執行者が指定されていれば速やかに執行を開始できる

---

[1] ①平成 31 年 1 月 13 日以降に作成された自筆証書遺言に、相続財産の目録を添付する場合には、その目録については自書することを要しません（民法 968 条 2 項）。
②法務局における遺言書の保管等に関する法律（令和 2 年 7 月 10 日施行）で、自筆証書によってした遺言に係る遺言書の保管制度が開始されました。自筆証書遺言の紛失、隠匿、滅失のリスクは軽減され、検認も不要になりましたが、方式上の不備により無効となるリスクは残ります。

オ　成年被後見人等の遺言

　判断能力を失い、法定後見制度を利用していても、遺言はすることができます（民法962条）。

① 被保佐人、被補助人

　単独で遺言はすることができます（民法962条）。

② 成年被後見人

　事理を弁識する能力を一時回復した時において、医師二人以上の立合いがあれば、遺言はすることができます（民法973条1項）。

　ただし、周囲が無理やり遺言書を書かせても、将来争われ、遺言能力が否定されて、無効と判断される可能性があります。

（2）遺言の限界

ア　反故にされる可能性

　遺言があっても、相続人全員と受遺者（遺言によって財産を遺贈された人）が合意すれば遺言を反故にすることができます。

イ　認知症対策として無力

　遺言は、遺言者の死亡の時からその効力を生じる（民法985条）ので、判断能力喪失対策にはなりません。

ウ　成年後見に弱い

　成年後見人は、成年被後見人のすべての財産の処分権を有するので、遺言書に記載されている事業用資産であっても換価処分することがあり、遺言がその目的を達成できないこともあります。

（3）事業承継信託のメリット

ア　遺言と同レベルの財産承継機能

　信託は、遺言と同様の財産承継機能を持ち、遺言代用信託と言

われています。

　信託行為において、委託者兼受益者死亡後の受益者、帰属権利者等を定めておくことで、信託財産は遺産分割協議の対象になりません。

イ　遺言にはない機能

　信託は、遺言と同様の財産承継機能を持つだけでなく、次の機能もあります。

① 相続人の合意で反故にされることはない
② 信託契約の方法では認知症対策として有効
③ 信託財産は成年後見人の管理する財産にはならないので、成年後見人による勝手な財産の換価処分はない
④ いつでも撤回や書換えが可能な遺言と異なり、後継者が知らない間に撤回や書換えをされない
⑤ 複数の委託者による共同遺言代用信託 ¹が可能
⑥ 後継ぎ遺贈型受益者連続信託が可能

（4）心理的抵抗

ア　遺言

　遺言と遺書は異なるものですが、混同し、遺言書を書くことは不吉で、縁起でもないことのように感じる人もいます。

---

1 遺言は、二人以上の者が同一の証書ですること（共同遺言）ができません（民法 975 条）が、信託契約では、例えば夫婦が共有している財産に対して、夫婦がともに委託者となり、同一証書での信託設定が可能です。ただし、信託契約ではなく、遺言信託を利用するときには、共同遺言の禁止が適用され、同一証書での信託設定はできません。

理由の一つに「みんなで仲良く過ごしてください。」「みんなと一緒に過ごせていい人生だった。ありがとう。」といった内容を付言事項に書くことがあげられます。

付言事項に財産の分け方の理由を書き、相続人の感情に訴え、争族を防ぐ効果がある反面、遺言者に心理的抵抗を生じさせてしまうこともあるようです。

イ　信託

信託契約では、遺書を感じさせるようなものはなく、心理的な抵抗はありません。したがって、高齢でない経営者であっても利用しやすくなっています。

（5）事務の引継ぎ

ア　遺言

大事なことは、遺言書を書くことや保管することではなく、遺言の内容が実現され、円滑に事務が引き継がれることです。

遺言の効力は、遺言者が生きている間は発生せず、死亡の時から生じるので、さまざまな事務を後継者に引き継げない可能性があります。

イ　信託

信託契約では、現経営者が元気な間に事務引継ぎを開始します。丁寧な事務の引継ぎができ、後継者も当事者意識をもって行動する効果があります。

（6）家族会議

ア　遺言

遺言は、遺言者の単独行為で、誰とも相談することなく一人で作ることができます。

遺言内容を知られたくない場合にはメリットもあるのですが、検証する人がいないので、遺留分その他のリスクへの対応が甘くなりがちです。

イ　信託

信託契約は単独行為ではなく、家族会議を開き、家族全員が合意をする必要があります。

財産の分け方について具体的な話をすることに、最初は戸惑いもあるようですが、真摯に話をしていくことで、絆が強くなったという話をよく聞きます。

仮に、家族から不平不満が出ても、現経営者の発言権が強い時期に解決できる効果もあります。

（7）信託と遺言の併用

信託は遺言と比較してメリットが大きいのですが、実務においては、信託に適さない財産がありますし、現経営者の全財産を信託にすることも現実的ではありません。

また、信託財産以外の財産について、何も対策をしていないと、結果的に遺産分割協議を行うことになってしまうので、これを回避するために、信託財産以外の財産については遺言を併用することが望まれます。

①後継者は信託、その他の相続人には遺言、②自社株式及び事業用資産は信託、その他の財産には遺言といった組合せを考えていきます。

2　信託と生前贈与の比較

（1）贈与

　贈与は、当事者の一方が、ある財産を無償で相手方に与える意思を表示し、相手方が受諾をすることによって、その効力を生じます（民法 549 条）。

　贈与をする者を贈与者、贈与を受けた者を受贈者といいます。

　贈与には、贈与者が生きているうちに贈与をする生前贈与、贈与者の死亡によって効力を生ずる死因贈与（民法 554 条）、遺言による贈与（遺贈）があります。

（2）生前贈与のメリット

ア　認知症対策として有効

　現経営者が元気な間は、自社株式の議決権行使に問題はありませんが、認知症（病気や事故で判断能力を失うことも含めて）になると、議決権行使ができなくなります。

　現経営者の持株比率が大きいと、重要な意思決定ができなくなり、会社は機能不全に陥る可能性があるのですが、この対策として、生前贈与は有効です。

イ　円滑で安定的な承継

① 円滑な承継

　現経営者と後継者の間だけで承継が実現するので、経営の空白を回避しやすくなります。

② 安定的な承継

　遺言は、いつでも書換えが可能で、親族の一部や第三者からの不当な影響を受けて、真意と異なる内容に書き換えてしまうことがあります。

　後継者が知らないうちに遺言が書き換えられてしまうと、後継

者の地位は不安定なものになりますが、生前贈与ではそのようなことはありません。

ウ　最近の傾向

遺言を書いていても反故にされることがあるので、後継者に確実に承継できる生前贈与を選択する事例が増えています。

（3）生前贈与の注意点

ア　特別受益による相続分の修正

遺言がなく法定相続する場合、相続人中に、被相続人から①婚姻、養子縁組のための贈与、②生計の資本としての贈与を受けた者（特別受益者）があるときは、被相続人が相続開始の時において有した財産の価額にその贈与の価額（年数制限なし）を加えたものを相続財産とみなし、算定した相続分の中から、その贈与の価額を控除した残額をその者の相続分とします（民法903条1項）。

特別受益者は、相続分の前渡しを受けたものとして、相続分が減額されるということです。

イ　遺留分算定の基礎財産の価額に算入

相続人（後継者）に対する、自社株式、事業用資産の生前贈与は、特別受益に該当します。

民法改正で、令和元年7月1日以降に発生した相続では、遺留分算定の基礎財産の価額に算入する特別受益の範囲は、原則、相続開始前10年以内になされた贈与に限定されました（令和元年6月30日以前に発生した相続では、何年前の贈与でも基礎財産の価額に算入）。

ただし、当事者双方が遺留分権利者に損害を加えることを知って贈与をしたときは、10年前の日より前にしたものについてもその価額を算入します（民法1044条1項、3項）。

ウ 贈与税

通常、贈与税の方が相続税よりも負担が重くなります[1]。

エ 暦年贈与

贈与税の年間基礎控除額 110 万円の範囲内で、暦年贈与をする場合、現経営者が判断能力を失ったり、死亡したりすると、贈与が中断されます。

オ 贈与の解除

書面によらない贈与は、各当事者が解除をすることができます。ただし、履行の終わった部分については、この限りではありません（民法 550 条）。軽率な贈与者を救済する規定ですが、自社株式、事業用資産を書面によらず、軽率に贈与することは通常考えられません。

自社株式、事業用資産を贈与すると、解除することは難しく、次のようなことが生じると、現経営者が自社株式等を取り戻せなくなる可能性があります。

① 後継者が変更となっても、前後継者が自社株式等の返還に応じない
② 前後継者が死亡した場合、相続した前後継者の配偶者が自社株式等の返還に応じない

カ 現経営者の経営を続けたいニーズ

現経営者の議決権が失われることになるので、しばらくの間は経営を続けたいニーズを満たしにくくなります。

---

[1] 業績好調であれば、自社株式評価額が上昇するので、税率だけで有利不利とは判断できません。加えて、相続時精算課税制度や事業承継税制を検討する必要があります。

161

（４）事業承継信託のメリット

信託では次のことが可能になります。

ア　贈与税負担がない議決権の移転

現経営者を委託者兼受益者とする自益信託では、贈与税負担なく、受託者（後継者）への議決権の移転が可能です。

イ　議決権の移転を「なかったこと」にできる

自益信託終了後に、信託財産（自社株式）を現経営者（帰属権利者）に給付する契約が可能です。

ウ　現経営者が経営を続けたいニーズを満たせる

（５）事業承継信託のスキーム

図表４-１　自社株式の自益信託

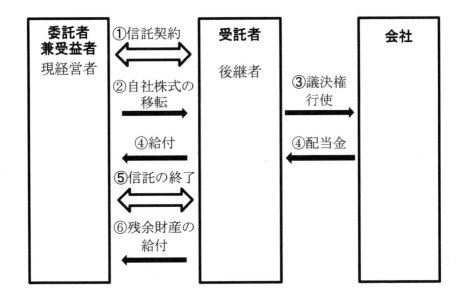

①信託契約

　委託者(現経営者)が受託者（後継者）と信託契約を結びます。

　自社株式の名義（議決権）は受託者に移転し、権利（配当を受ける権利＋株式売却による代金を受ける権利等）は委託者が取得します。

②自社株式の移転

　委託者が受託者に対して自社株式を移転します。

③議決権行使

　受託者（後継者）が株主総会で議決権を行使します。

④配当金・給付

　受託者は会社から配当金を受け取り、信託報酬・諸経費を控除した残額を信託利益として受益者（現経営者）に給付します。

⑤信託の終了

　定めていた終了事由で終了します。

⑥残余財産の給付

　信託を終了させたとき、現経営者を信託財産（自社株式）の帰属権利者にしていれば、現経営者に自社株式を給付できます。

　後継者が変更となっても、自社株式の承継をやり直すことが可能になるのですが、一方で、受託者に議決権を移転しており、現経営者の認知症や死亡に備えることもできる都合のいい方法です。

第5章

経営者の認知症対策

1 認知症対策について

（1）認知症になったときの解決策

経営者の高齢化が進んでおり、現役のまま認知症（病気や事故で判断能力を失うことも含める）になるリスクが大きくなってきています。

経営者が、何も対策をしていない状態で認知症になったときの影響は、サラリーマンOB、OGとは比較にならないほど大きく、法や制度も不十分で、解決策がない場合もあります。

不謹慎ですが、相続の方が解決策のある状態なのです。

（2）認知症になったときの問題

ア　自社株式の議決権行使ができなくなる

株主総会において、事業譲渡、定款変更、役員選任解任、計算の承認といった議案の議決権行使ができなくなります。

例えば、自社株式を 100％保有する経営者が判断能力を喪失した場合、後継者が決まっていても正式に社長に選任できません。

イ　個人財産を使用できなくなる

経営者の個人財産を会社のために使えなくなり、次のようなことができなくなります。
① 金融機関への個人保証、担保差入れ
② 会社への事業資金貸付
③ 会社への不動産賃貸

ウ　事業承継対策ができなくなる

信託、生前贈与、遺言ができなくなります。

経営者が亡くなってから開始することになります。

エ　本人確認の厳格化

　プライベート用預貯金の引出しもできなくなります。

　金融機関は本人確認ができない取引は行いません。少し前までは、いい加減な対応が許されていた記憶があるかと思いますが、これは本人が健常だった時の意向通りに家族が動き、他の家族からクレームが出なかった時代だから可能なことでした。

　時代は変わり、家族内でも権利意識が高まっているため、金融機関は将来の訴訟を恐れ、本人確認を年々厳格に行うようになってきています。

（3）認知症対策の必要性

　以上のようなことを知らない経営者は意外に多く、相続対策はしていても、認知症対策までしている経営者は稀です。

　人は必ず死ぬので相続対策を行っても、必ず認知症になるわけではなく、認知症対策をしない人もいるのですが、経営者がこのような判断をすることは危険です。

2　成年後見制度

経営者が何も対策をせずに認知症になると、「経営者が亡くなるまで待つ」ことになるのですが、亡くなるまで待てない事情があれば、とりあえずは法定後見制度しか事後対策はありません。

「とりあえず」という言葉を使ったのは、法定後見制度では、認知症になる前と同じことをカバーできるわけではないからです。

解決できないことや、かえって不自由になることもたくさんあります。

（１）成年後見制度

法定後見制度は、任意後見制度とともに成年後見制度を構成しています。

成年後見制度は、認知症などによって判断能力が不十分な人（本人）に、権利を守る援助者（成年後見人等）を就けることで、本人を法律的に支援する制度です。

図表5-1　成年後見制度

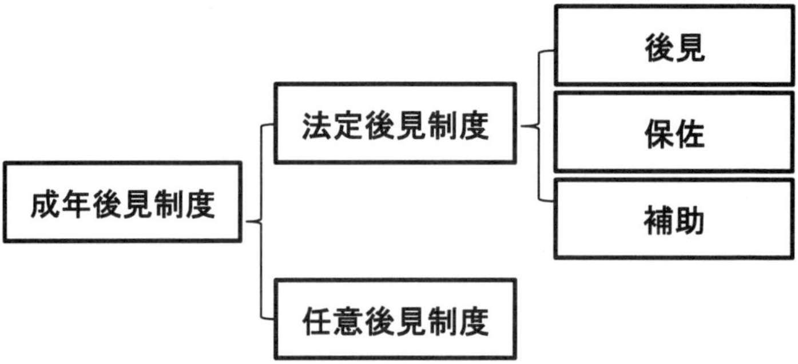

（２）法定後見制度

家庭裁判所が成年後見人等を選任します。法（家庭裁判所）が定めるので、法定後見といいます。

判断能力があるときには利用できず、判断能力が不十分になっ

た後に利用できる制度です。

　認知症の対策をしていない人でも利用できる事後対策になります。

（3）任意後見制度

① 本人が十分な判断能力があるうちに

② 将来、判断能力が不十分な状態になった場合に備えて

③ あらかじめ自らが選んだ代理人（任意後見人）に

④ 自分の生活、療養看護や財産管理に関する事務について代理権を与える契約（任意後見契約）を

⑤ 公証人の作成する公正証書で結んでおく制度です[1]。

　自分で任意に定めるので、任意後見といいます。

　判断能力があるうちに締結するので、事前対策となります。

---

[1] 法務省ホームページ　成年後見制度 成年後見登記制度
　http://www.moj.go.jp/content/001287467.pdf

3　法定後見制度の種類と申立て

　家庭裁判所によって選ばれた成年後見人等（成年後見人、保佐人、補助人）に法律行為の代理権、同意権、取消権を与え、本人の財産管理と身上監護（本人の生活・医療・介護・福祉で必要になるサービスが受けられるよう、手配、契約の締結、支払いなどを行うこと）を行います。
　なお、身上監護は成年後見人等が自ら介護行為や世話をすることではありません。

（1）種類
　本人の判断能力に応じて、「後見」「保佐」「補助」の３つの制度があります。

図表5-2　後見、保佐、補助

法定後見制度	
後見	判断能力が欠けているのが通常の状態
保佐	判断能力が著しく不十分
補助	判断能力が不十分

ア　後見
　日常の買い物程度はできても、それ以上の財産の管理・処分等ができない状態です。
　成年後見人には、①取消権（日常生活に関する行為以外の行為）、②財産に関するすべての法律行為の代理権が与えられます。

イ　保佐
　借金、不動産の売買、訴訟行為、相続の承認・放棄、新築・改築・増築又は大修繕等、高度な判断能力が要求されることはできない状態です。

保佐人には、①民法 13 条 1 項所定の行為、申立てにより家庭裁判所が定める行為の同意権と取消権（日常生活に関する行為以外の行為）、②申立てにより家庭裁判所が定める行為の代理権が与えられます。

ウ　補助
　保佐よりも軽く、契約はできるものの不安があり、他者に支援してもらったり、代理で行ってもらったりする方がいい状態です。
　補助人には、申立てにより家庭裁判所が定める行為の同意権、取消権（日常生活に関する行為以外の行為）及び代理権が与えられます。

エ　後見に偏った利用
　どの種類になるかは、医師の診断書や鑑定を参考に家庭裁判所が決めますが、「後見」72.3％、「保佐」20.6％、「補助」7.1％（令和 2 年 1 月から 12 月までの 1 年間の申立）と、後見に偏っています[1]。
　保佐、補助が難解な制度設計で、保佐、補助に該当していても、単純で利用しやすい後見を申し立てる事情があるようです。

（2）申立て
　法定後見の開始の審判の申立ては、本人の住所地を管轄する家庭裁判所に行います。
　申立てができるのは、本人、配偶者、四親等内親族、市区町村長等に限定されています。
　申立書を作成し、診断書、戸籍謄本等を添付します。

---

1 裁判所ホームページ「成年後見関係事件の概況」―令和 2 年 1 月～12 月―」
https://www.courts.go.jp/vc-files/courts/2020/20210312koukengaikyou-r2.pdf

家庭裁判所が審理し、法定後見の開始の審判をすると同時に、成年後見人等を選任します。

　審理期間は個々の事案により異なりますが、4か月以内が約92.4%（令和2年1月から12月までの1年間）[1]となっています。

---

1 裁判所ホームページ「成年後見関係事件の概況」―令和2年1月～12月―」
https://www.courts.go.jp/vc-files/courts/2020/20210312koukengaikyou-r2.pdf

4　法定後見制度利用時に知っておきたいこと

（1）法定後見制度の評判

　法定後見制度は平成12年から開始された制度ですが、いまだに多くの問題を抱えています。

　法定後見制度を「待ったなし」で必要とする人がいる一方で、「トラブルが頻発し、利用しないほうがよかった」と失望の声が相次ぐ現実があります。

　「利用者の生活の質と満足度を高め、利用者を助けるための制度なのに利用者を苦しめている」という批判もあります。

　積極的に利用したいものではなく、他に選択肢がないから利用する制度にとどまっており、筆者は、この制度を肯定的にとらえる人にいまだ出会ったことがありません。

（2）家庭裁判所の職権で選任

　法定後見の開始の審判の申立て時、成年後見人等候補者欄は自由に記載できます。

　特に資格は必要なく、未成年者、破産者等の欠格事由（民法847条）に該当しなければ、誰でも候補者にできます。

　ただし、家庭裁判所が職権で成年後見人等を選任するので、候補者が必ず選任されるわけではありません（民法843条、876条の2、876条の7）。

（3）選任傾向

　家庭裁判所は、専門職（弁護士、司法書士等）の成年後見人等を選任する傾向です（令和2年は親族が約19.7%、親族以外が約80.3%、裁判所ホームページ「成年後見関係事件の概況」―令和2年1月～12月―」より）。

　制度発足時は親族が9割を占めていたのですが、横領事件が多発し、家庭裁判所の監督責任を問われる裁判もあったため、専門

173

職を選任する運営になりました（横領事件は専門職も令和２年に30件引き起こしており、専門職だから安心というわけではありません。）。

　平成31年３月に最高裁が「親族が望ましい」との考え方を示したので、選任傾向に変化があるかと注目していましたが、令和２年は令和元年（親族約21.8％、親族以外が約78.2％）よりも親族以外の割合が増加しています。

　中小企業経営者は財産額が高額で、親族の成年後見人等による横領も発生しやすいため、専門職が選任されることが多くなります。

図表５-３　成年後見人等と本人との関係（令和２年）[1]

（単位：人）

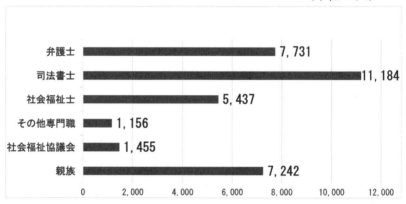

（４）不服申立て

　希望に沿わない人が成年後見人等に選任された場合であっても、

[1] 裁判所ホームページ「成年後見関係事件の概況　―令和２年１月～12月―」
https://www.courts.go.jp/vc-files/courts/2020/20210312koukengaikyou-r2.pdf

そのことを理由に後見開始等の審判に対して不服申立てをすることはできません。

（5）申立ての取下げ

　法定後見の開始の審判の申立てをすると、家庭裁判所の許可を得なければ取り下げることはできません。

　「申立人が候補者として推薦する人が成年後見人等に選任されそうにない。」「成年後見人に加えて後見監督人が選任されるのは受け入れられない。」「費用が発生するのが負担なのでやめたい。」という理由では、原則として申立ての取下げは認められません。

（6）成年後見等の終了

　本人の判断能力が回復したと認められる場合でない限り、本人が亡くなるまで続きます。

（7）親族の成年後見人等

　親族が成年後見人等に選任されたとしても、財産を適切に管理する義務があるので、負担は大きくなります。

　本人が日常的に会社に対して事業用資金の貸付を行っていた場合でも、親族成年後見人等が家庭裁判所の許可を得ずに行うと不適切な手続きになります。不適切とされた場合には、損害賠償請求を受けたり、業務上横領罪で刑事責任を問われたりする可能性もあります。

　成年後見人等は家庭裁判所に年一回、事務の状況を報告しますが、家庭裁判所は最初から一人前の成年後見人等であることを求めてきます。親族の成年後見人等を教育する考えはなく、相談所的なフォローは期待できないのですが、一方で、報告を怠ったり、報告に不備が多かったりすると、専門職に変更になったり、専門職の成年後見監督人等が選任されたりします。

（8）専門職の成年後見人

　専門職の成年後見人が選任されると、「見ず知らずの赤の他人」であっても、預金通帳、カード、不動産権利証、自社株式等全財産を預け、契約を代理で行ってもらうことになります。

　生活費以外の支出は制限され、本人、家族も成年後見人の許可がないと自由にお金を使えなくなり、自分達のお金なのに頭を下げて受け取るような関係になりがちです。

　本人、家族以上に財産管理の権限を持ち、家族がいない場合には、自宅で通帳や現金を探す「家捜し」を行うこともあります。

　すべての財産を処分できる権限があるので、事業用資産や先祖代々の重要な財産を換価処分され、結果、判断能力のある時に作っていた遺言、事業承継対策が台無しにされてしまうこともあります。

　このようなことに抵抗感を持つ人も多いと思いますが、専門職の成年後見人が選任されると、これらを受け入れなければならず、厳格すぎる専門職に当たった場合、トラブルになることもあります。

（9）専門職の成年後見人等の選任方法

　専門職の成年後見人等とは長い付き合いになり、新たな家族が増えるようなものですが、その出会いは「戦前のお見合い結婚のようなもの」だと言われています。

　これだけでも時代遅れ感があるのですが、現実はお見合いの場すら与えられず、現代風に言えば「交際０日婚」が実態に近い表現だと言えます。

　意見が合わない人、高圧的な態度の人に当たる可能性がありますし、横領、虐待、ハラスメントも発生しています。

（10）専門職の成年後見人等の解任

　家庭裁判所は、成年後見人等に不正な行為、著しい不行跡その

他法定後見の任務に適しない事由があるときは、これを解任することができます（民法846条、876条の２、876条の７）が、意見が合わない程度の理由では解任してくれません。

　仮に解任してくれたとしても、家庭裁判所は次の成年後見人等を必ず選任します。後任の専門職が前任より良くなる保証はなくかえって不適切な人になる可能性もあります。

（11）専門職の成年後見人等の報酬
ア　報酬の決定方法
　報酬額は専門職と話し合って決定するのではなく、家庭裁判所が、成年後見人等及び成年被後見人等の資力その他の事情によって、成年被後見人等の財産の中から、相当な報酬を成年後見人等に与えることができる（民法862条）としています。

　「成年後見人等の基本報酬のめやすとなる額は、月額２万円です。ただし、管理財産額（預貯金及び有価証券等の流動資産の合計額）が、1,000万円を超え5,000万円以下の場合には月額３万円〜４万円、5,000万円を超える場合には月額５万円〜６万円。」とされています [1]。

　さらに、「身上監護等に特別困難な事情があった場合には，上記基本報酬額の50パーセントの範囲内で相当額の報酬を付加する。」「特別の行為をした場合には、相当額の報酬を付加することがある。」としています。

　中小企業経営者は管理財産額が多く、最高額の月額６万円が適用されることが多いと思われます。

---

[1] 裁判所ホームページ「東京家庭裁判所　東京家庭裁判所立川支部　成年後見人等の報酬額のめやす」より抜粋
http://www.courts.go.jp/tokyo-f/vcms_lf/
130131seinenkoukennintounohoshugakunomeyasu.pdf

図表5-4　専門職の成年後見人等の期間別報酬総額

単位：万円

月額報酬	期間		
	1年	5年	10年
6万円	72	360	720
5万円	60	300	600
4万円	48	240	480
3万円	36	180	360
2万円	24	120	240

イ　報酬とサービスのアンバランス

　専門職の報酬はどんぶり勘定で、何もしなくても定額発生する眠り口銭的な性質があり、報酬額とサービスのバランスがとれていないという指摘があります。

（12）法定後見制度に対する考え方

　高齢者は全員が認知症になるわけではありません。

　認知症になる人は増加傾向ですが、それでも令和7年(2025年)に65歳以上高齢者で認知症になるのは約5人に1人（厚生労働省推計[1]）と予想され、認知症にならない人が約8割を占めます。

　サラリーマンOB、OGのなかには、「認知症対策を行わず、2割の確率で認知症になってしまったら、いろいろ問題はあっても法定後見制度を利用すればよい」という割り切りが可能な人が一定数いることは事実です。しかし、中小企業経営者がこのような判断をすることは危険です。

1　厚生労働省ホームページ　「認知症施策推進総合戦略（新オレンジプラン）」https://www.mhlw.go.jp/file/06-Seisakujouhou-12300000-Roukenkyoku/nop1-2_3.pdf

5　経営者が法定後見制度を利用するときの問題

（1）自社株式の議決権行使

　法定後見制度は、財産管理や身上監護を目的とした制度で、株主総会での議決権行使までは想定しにくいのですが、成年後見人等に代理行使してもらうしか方法がない場合もあります。

　この場合、「そもそも、会社の経営に携わっていない赤の他人だった専門職の成年後見人等に、議決権行使をさせていいのか？」という問題があります。

　専門職側も、事業譲渡、定款変更、役員選任解任、計算の承認といった議案について、判断をするのは困難なことです。

　これらを回避するために、「株主総会を開催したことにして、適当に書類を作ればいい。」と言う人もいますが、「私文書偽造罪」になる可能性があります。

（2）本人以外のための支出の制限

　法定後見制度で支援するのは原則、本人だけです。

　「本人の財産を本人のために維持管理すること」が目的になるため、本人以外のために行う支出、例えば、会社への事業資金貸付や本人を支えてきた家族のための支出（配偶者の生活資金、家族旅行代金の負担、孫への非課税範囲内での暦年贈与、入学祝金、お年玉、お小遣い）は難しくなります。

　支出は伴わなくても、会社借入への個人保証、本人所有不動産の担保差入れや会社への賃貸等も原則認められません。

（3）事業承継対策

　法定後見制度を利用しても、次の①②より、事業承継対策を行うことが難しくなります。
① 成年後見人等には、財産の承継先を決定する権限がなく、本人に代わって遺言はできない。

② 成年被後見人が事理を弁識する能力を一時回復した時において、医師二人以上の立合いがあれば、遺言はすることができるが、周囲が無理やり遺言書を書かせても、将来争われ、遺言能力が否定され、無効とされる可能性がある。

（4）財産処分

　成年後見人は、成年被後見人のすべての財産の処分権を有するので、専門職の成年後見人が、事業用資産を売却することがあります。

　また、財産の維持が目的になるので、上場株式や金融商品での積極的な財産運用も難しくなります。

（5）後見制度支援信託

　親族が成年後見人等に選任される割合は、約2割（令和2年）ですが、中小企業経営者は財産額が高額で、争いも発生しやすいため、親族が選任される割合はさらに低くなります。

　仮に、親族が成年後見人に選任されても、家庭裁判所が後見制度支援信託の利用を決定することがあります。

　後見制度支援信託は、本書で紹介している信託とはまったく別の制度で、成年後見において利用される信託です。

　親族の成年後見人による不正防止を目的とし、本人の財産のうち、日常生活に必要な金銭は成年後見人が管理するのですが、通常使用しない金銭を信託銀行等に信託します。

　信託財産を払い戻したり、信託契約を解約したりするのには、家庭裁判所の指示書が必要になります（事実上の凍結）。

6　任意後見制度

　現経営者が、認知症等で判断能力を失うと、自社株式の議決権行使、会社のための個人財産の利用、事業承継対策等ができなくなります。

　何も対策をしていないと、法定後見制度を利用するしか方法がありません。

　しかし、法定後見制度では認知症になる前と同じことをカバーできるわけではなく、解決できないことや、不自由になることがたくさんありますし、家庭裁判所が選任した専門職に経営権を委ねることにもなります。

　これらを回避するために、事前対策をしておくべきなのですが、事前対策は任意後見制度と信託になります。

（１）任意後見制度

　任意後見制度は、

① 本人が十分な判断能力があるうちに

② 将来、判断能力が不十分な状態になった場合に備えて

③ あらかじめ自らが選んだ代理人（任意後見人）に

④ 自分の生活、療養看護や財産管理に関する事務について代理権を与える契約（任意後見契約）を

⑤ 公証人の作成する公正証書で結んでおく制度です。

　現経営者と後継者が任意後見契約を締結しておくと、現経営者が認知症になっても後継者が代わりにできるようになります。

　任意後見は法定後見より優先されるので、法定後見で見知らぬ専門職が選任されることを回避できます。

　本人が選んだ任意後見人が、本人を代理して契約をするので、成年後見人で見られるような本人の意思に反した財産処分はありません。

（2）任意後見監督人

　任意後見人は、本人の判断能力が低下した後に事務を行うので、任意後見人を監督する任意後見監督人が必ず選任されます。

　家庭裁判所に任意後見監督人選任の申立てを行い、選任された時から任意後見契約の効力を生じるので、任意後見監督人なしで済ますことはできません（任意後見法2条1号）。

　任意後見人は本人が選びますが、任意後見監督人は家庭裁判所が選任し、専門職（弁護士、司法書士）が選ばれます。

　任意後見監督人は、任意後見人を監督し、家庭裁判所へ定期的に報告してくれるので、安心感はありますが、一方で、任意後見人と任意後見監督人の意見が合わなくなることがあります（任意後見法7条1項1号、2号）。

（3）任意後見人と任意後見監督人の報酬

ア　任意後見人

　報酬は、当事者間で自由に決められ、親族が任意後見人になる場合には無報酬もあります。

イ　任意後見監督人

　報酬は、家庭裁判所が決めます（任意後見法7条4項）。

　「任意後見監督人の基本報酬のめやすとなる額は、管理財産額が5,000万円以下の場合には月額1万円〜2万円、管理財産額が5,000万円を超える場合には月額2.5万円〜3万円」とされています（「東京家庭裁判所　東京家庭裁判所立川支部　成年後見人等の報酬額のめやす」より抜粋）。

ウ　任意後見人が専門職の場合

　任意後見人が専門職であっても、任意後見監督人が選任されるので、任意後見人と任意後見監督人に対して専門職報酬が発生します。

（4）任意後見契約の形態

ア　任意後見契約（将来型）

　任意後見契約だけを締結する形態で、本人の判断能力が低下した時から任意後見が始まります。

イ　任意後見契約（移行型）

　任意後見契約と財産管理等委任契約を同時に締結する形態です。

　本人の判断能力が十分な間は、財産管理等委任契約で財産管理を行い、判断能力が低下した時点で、任意後見契約を発効させ、財産管理等委任契約を終了させます。

　任意後見契約は、本人の判断能力が低下し、本人、配偶者、四親等内の親族又は任意後見受任者[1]の請求により、家庭裁判所が任意後見監督人を選任した時（任意後見法4条1項）から効力を生じます。ところが、本人の判断能力が低下しているにもかかわらず、誰も請求をしないことがあります。

　移行型にすると、本人の判断能力があるうちに財産管理が開始されるので、判断能力が低下した時点で円滑に任意後見に移行できるようになります。特に、親族以外の人が受任者になる場合には、移行型を選択することが多くなります。

（5）任意後見契約の注意事項

ア　任意後見契約の終了

　任意後見契約は委任契約なので、委任の終了事由で終了します（民法653条）。

① 本人又は任意後見人（任意後見受任者）の死亡

---

[1] 「任意後見受任者」
任意後見監督人が選任される前における任意後見契約の受任者
「任意後見人」
任意後見監督人が選任された後における任意後見契約の受任者
（任意後見法2条3号、4号）

② 本人又は任意後見人（任意後見受任者）が破産手続開始の決定を受けたこと
③ 任意後見人（任意後見受任者）が後見開始の審判を受けたこと

　同年齢以上の人や健康面に不安のある人を任意後見受任者とすると、死亡や後見開始の審判で、任意後見契約が終了する可能性が高くなります。

イ　任意後見契約の変更

　任意後見契約では、基本となる条項の変更という扱いはできず、任意後見契約を解除して、新たな契約を結ぶことになります。

　その時、本人の判断能力が低下していると、新たな契約の締結が難しくなります。

ウ　同意権、取消権

　法定後見では、①成年後見人は法律行為の代理権、取消権、②保佐人及び補助人は法律行為の代理権、同意権、取消権を与えられます。

　任意後見人は代理権のみを与えられ、同意権、取消権は与えられません。ただし、同意権については、本人又は第三者の同意（承認）を要する旨の特約を付すことができます。

7 信託の利用

（1）法定後見制度、任意後見制度との比較
ア 自社株式の議決権行使
① 法定後見制度

　専門職の成年後見人等が、議決権を行使せざるを得ない場合もあります。

　そもそも、会社の経営に携わっていない専門職が、Ｍ＆Ａ、定款変更、役員選任解任、計算の承認といった議案の議決権を行使していいのか、行使結果に責任を持てるのか、という問題がありますし、専門職側も判断を避ける傾向にあります。

② 任意後見制度

　任意後見契約で定めがある場合、任意後見人の議決権行使は可能です。

　ただし、任意後見監督人と任意後見人の判断が異なる可能性があります。

③ 信託

　信託行為に定めがある場合、受託者による議決権行使は可能です。

イ 本人以外のための支出
① 法定後見制度

　原則、認められません。

② 任意後見制度

　制限はありますが、任意後見契約に定めがある場合には可能です。ただし、任意後見人は本人にとって不利益となることはできませんし、任意後見監督人が認めない可能性があります。

③ 信託

　信託行為に定めがある場合、会社への事業資金貸付や本人を支えてきた家族のための支出（配偶者の生活資金、家族旅行代金の負担、孫への非課税範囲内での暦年贈与、入学祝金、お年玉、お小遣い）が可能です。

ウ　事業承継対策

① 法定後見制度

　成年後見人等が事業承継対策を行うことはできません。

② 任意後見制度

　任意後見人が事業承継対策を行うことはできません。

　通常は、任意後見契約を締結する時に、遺言書を書き、信託を設定するので、任意後見契約を締結することは、事業承継対策の一部になります。

③ 信託

　信託を設定することは、事業承継対策の一部ですが、信託目的の範囲内で、追加の事業承継対策もできます。

エ　財産の処分

① 法定後見制度

　成年後見人が、本人や家族の意思に反して、自社株式及び事業用資産を処分することがあります。

② 任意後見制度

　任意後見人は任意後見契約で定めていない処分はできません。

③ 信託

　受託者は信託の本旨に反するような処分はできません。

オ　財産運用の自由度
① 法定後見制度
　本人の財産を維持するのが目的であるため、現状維持の範囲に限定されます。

② 任意後見制度
　本人の財産を維持するのが目的ですが、任意後見契約で定めておけば、限度はあるものの現状維持を超えた財産運用は可能です。
　ただし、任意後見人は本人にとって不利益となることはできませんし、任意後見監督人が認めない可能性があります。

③ 信託
　信託行為に定めがある場合、信託目的の範囲内で、積極的な財産運用は可能です。

カ　不動産
① 法定後見制度
　成年後見人が、本人の居住用不動産（自宅）を処分するには、家庭裁判所の許可が必要です。許可はおりにくく、他に預貯金が有れば、そちらを先に使うよう指示されることもあります。
　居住用不動産（自宅）以外の処分は、家庭裁判所の許可事項ではありませんが、成年後見人等が本人にとって不利益になると判断した場合には実行しません。

② 任意後見制度
　自宅を含めて本人の不動産の処分には、家庭裁判所の許可は不要です。ただし、任意後見人は本人にとって不利益となることはできませんし、任意後見監督人が認めない可能性があります。

③ 信託

　信託行為に定めがある場合、信託目的の範囲内で処分は可能で家庭裁判所の許可も不要です。

（2）任意後見契約と比較した信託のメリット

ア　信託の一括契約機能

① 任意後見契約

　財産管理等委任契約、遺言、死後事務委任契約とは別に作成することが多くなります。

② 信託

　任意後見契約、財産管理等委任契約、遺言、死後事務委任契約を一つの契約にまとめて設定できる一括契約機能があります。

図表5-5　一括契約機能

経営者の状態		
健康	認知症等判断能力喪失	死亡
信　託　で　一　括　契　約		
財産管理等委任契約	任意後見契約	遺言・死後事務委任契約

イ　受託者、任意後見人の死亡及び後見開始

① 任意後見契約

　任意後見人（任意後見受任者）の死亡や後見開始の審判で終了し、終了時に法定後見開始の申立てを行うこともあります。

② 信託

　受託者の死亡や後見開始の審判があっても、後継受託者及び受託者選任基準を定めておけば、信託を継続できます。

ウ　変更
① 任意後見契約

　基本となる条項の変更は、任意後見契約を解除して、新たな契約を結ぶことになります。その時、本人の判断能力が低下していると、新たな契約の締結が難しくなります。

② 信託

　原則、委託者、受託者及び受益者の合意によってすることができますが、受託者及び受益者の合意、受託者及び受益者代理人の合意、受託者の意思表示、信託行為に別段の定めをする、といった方法も可能です。

（3）信託と任意後見契約の併用
ア　信託と任意後見契約の違い

　ここまで、信託の使い勝手の良さについて述べてきましたが、信託と任意後見契約には次の違いがあり、認知症対策としては、どちらかを選択するよりも、両方をうまく組み合わせて利用することが求められます。
① 信託
(a) 信託目的と方針を決めておき、後は受託者の裁量に任せることができる
(b) 信託にする財産を特定しなければならない
(c) 身上監護がない

② 任意後見契約
(a) 任意後見人の裁量に任せるのではなく、具体的に代理権の内

容を定める

(b) 包括的な財産管理権限を付与することで、全財産を対象にできる

(c) 身上監護がある

イ　信託を利用した方がいい財産

　自社株式、事業用不動産等、会社の経営に与える影響が大きい財産には信託を選択します。

　任意後見制度には次のようなことが考えられるからです。

① 家庭裁判所の関与

　任意後見監督人を介しての間接的なものなので、家庭裁判所の関与は法定後見制度ほど強くはないものの、判断の不透明感があります。

② 任意後見監督人による任意後見人の解任請求

　家庭裁判所が選任する任意後見監督人に、どのような人が選ばれるのかの不安があります。

　任意後見人と任意後見監督人の意見が合わず、任意後見人が任意後見監督人を無視するような関係になってしまうと最悪です。

　任意後見監督人は法律のプロですし、バックには家庭裁判所が控えています。任意後見監督人は家庭裁判所に任意後見人の解任を請求し、家庭裁判所は任意後見人を解任することができます(任意後見法8条)

③ 家庭裁判所、任意後見監督人の考え方

　家庭裁判所、任意後見監督人は本人の利益を第一とし、会社の利益までは考えてくれない可能性があります。

　例えば、M&Aに関する議決権行使に対して、家庭裁判所、任意後見監督人の判断が否の場合には、破談になることも覚悟しなければいけません。

ウ　任意後見契約を利用した方がいい財産

① 会社と関係がない財産

　信託では、信託財産だけが対象になるので、信託していない財産はカバーできません。

　任意後見契約は、すべての財産を包括的にカバーできるので、会社と関係がない財産、例えば生活預金口座などが、対象として考えられます。

　ただし、同じ預金でも、会社への貸付金等に使う分は、信託にしておく方が確実ですし、亡くなった時には口座を凍結されてしまうので、葬儀費用なども信託にしておいた方が円滑です。

② 身上監護

　任意後見人の職務は財産管理だけでなく、身上監護もあります。

　信託だけでは、受託者の権限で、高齢者施設入所、入院、介護保険等の手続きはできないので、必要に応じて任意後見契約でカバーします。

エ　担保権の設定された不動産の場合

　不動産の大規模修繕に、どの程度の費用をかけるかについては、任意後見人と任意後見監督人の考えが異なる可能性があります。

　したがって、事業用不動産、収益不動産は、家庭裁判所、任意後見監督人の関与がない信託の方が円滑ですが、金融機関が担保権を設定している不動産の場合には、信託設定時に金融機関の承諾が必要になります。

　金融機関の承諾を得ることができれば信託を設定しますが、承諾を得ることができなければ任意後見契約での対応になります。

第6章

事業承継の方法

1　事業承継の方法

　少子化及び「親族が会社を継ぐ」という価値観が変化してきていることから、親族内承継が減り、従業員への親族外承継、M＆Aによる第三者への親族外承継が増加しています。

（1）親族内承継

　配偶者、子、子の配偶者、兄弟姉妹、甥・姪、孫等への承継です。かつては全体の90%を超えていたのですが、55%程度に減少しています（中小企業庁　中小企業白書2019年版）。

ア　メリット

① 社内外から後継者として受け入れられやすい
② 長期の承継期間を確保できる
③ 会社を手放さなくてすむ

イ　デメリット

① 経営者の親族であっても、経営能力と意欲があるわけではない
② 後継者候補が複数いる場合、後継者の決定と経営権の集中が困難
③ 会社の借入金に対する経営者保証の負担

（2）従業員等への親族外承継

　親族外役員、管理職従業員、優秀な若手従業員への承継です。親族内に適任者がいない場合や、若年の親族内後継者までの中継ぎが想定されます。

ア　メリット

① 業務に精通しており、社内外から後継者として受け入れられやすい

イ　デメリット
① 後継者候補に株式買取資金がない場合が多い
② 会社の借入金に対する経営者保証の負担が過大になりがち
③ 社内ゆえに、受け入れられにくい面もある

（3）第三者への親族外承継
　親族内、従業員等に適任者がいない場合や、現経営者が会社売却の利益を獲得したい場合に利用します。
　最近は、Ｍ＆Ａのイメージが変わりつつあり、増加傾向です。

ア　メリット
① 創業者利益の実現
② 会社の借入金に対する経営者保証の解除
③ 従業員の雇用や取引先との関係を守ることができる
④ 譲受先のグループ企業になることで、信用度が上昇し、資金調達力、人材採用力が向上

イ　デメリット
① 希望の条件（譲渡価格や従業員処遇）を満たす買い手を見つけることは難しく、成約率もかなり低い
② Ｍ＆Ａ仲介手数料が多額
③ Ｍ＆Ａ後、企業文化の違いから従業員が離職
④ 取引先の反発

（4）廃業
　経営者の高齢化や後継者不足を理由に、年間4万以上の企業が休廃業、解散していますが、約6割が黒字企業です（中小企業庁中小企業白書2020年版内資料　株式会社東京商工リサーチ「2019年「休廃業・解散企業」動向調査」）。

中小企業経営者へのアンケート調査でも、「廃業」予定の回答が多くなっていますが、廃業を選択する場合の注意点として次のことがあげられます。

① 経営者が想定している以上にコストと手間がかかる

② 資産を投げ売りに近い状態で処分すると、借入金だけが残り、破産に追い込まれる

③ 高齢になって行うのはつらい作業で、体力的な限界

2　親族内承継

　親族内で後継者候補が決まれば、次のことを行います。

（1）経営の承継、知的経営資産の承継

　後継者候補を教育して、経営能力や適性を見極める一方で、後継者候補も後継の意思を固めていきます。

　複数の後継者候補がいる場合は、早期に後継者を決定します。

ア　社内教育

① 社内各部門のローテーション
② 社内昇格で権限を委譲
③ 現経営者と後継者の対話、意思疎通

イ　社外教育

① 後継者研修、各種セミナー
② 人脈構築、経営手法習得

ウ　知的経営資産の承継

　事業承継のタイミングで知的経営資産の棚卸をして次世代へ引継ぎます。

① 知的経営資産（経営理念、ブランド、人材、技術、取引先とのネットワーク、組織力等の集合体）の承継
② 会社の強み、弱み
③ 会社の磨き上げ

（2）資産の承継

　後継者が決まると、自社株式、事業用資産の承継を行います。この順番は守ったほうがいいでしょう。自社株式の評価額が上昇中で、相続税等の負担が大きくなることを回避するために、後継者候補の経営能力の見極めと後継の意思確認の前に、自社株式を生前贈与して失敗している事例をよく聞きます。

筆者の経験でも、後継の意思がないにもかかわらず、気が弱く
てなかなか言い出せず、失踪した後継者候補がいました。生きて
見つかったからよかったものの、最悪な事態も考えられたので、
このようにならないよう注意しなければなりません。

ア　自社株式、事業用資産の承継
　次のことを考慮して、承継を行います。
① 後継者が安定的に経営をしていくために集中的に承継（株主総
　 会の重要事項決議に必要な３分の２以上の議決権確保が目安）
② 後継者以外の相続人の遺留分対応
③ 納税資金の準備

イ　生前贈与
① メリット
　（a）自社株式を確実に承継できる
　（b）現経営者の認知症対策として有効

② デメリット
　（a）現経営者が当面の間経営を続けたいニーズを満たしにくい
　（b）贈与税対応が必要（暦年課税制度 [1]、相続時精算課税制度 [2]、
　　　 事業承継税制）
　（c）後継者が変わった場合に後戻りが難しい
　　　・前後継者が自社株式等の返還に応じない可能性

---

[1] 暦年ごとに贈与された価額の合計に対して、贈与税が課税され
ます。110万円の基礎控除がありますが、税率10%〜55%の累進
課税になります。
[2] 60歳以上の親（又は祖父母）から20歳（令和４年４月１日以
降の贈与は18歳）以上の子（又は孫）への贈与について、贈与
時に軽減された贈与税を納付し、相続時に相続税で精算する制度
です。2,500万円の特別控除があり、それを超えた額については
一律20%の税率が適用されます。

・前後継者が返還に応じてくれても、返還時の贈与にも贈与税が課税される
・前後継者が死亡した場合、相続した前後継者の配偶者が自社株式等の返還に応じない可能性
(d) 遺留分対応が必要

ウ　遺言（遺贈）
① メリット
(a) 後継者に自社株式、事業用資産を集中可能
(b) 現経営者が当面の間経営を続けたいニーズに対応可能
(c) 後継者が変わった場合に遺言を書き換えて後戻りが可能

② デメリット
(a) いつでも撤回可能で、後継者の地位が不安定になる
(b) 遺言書の有効性をめぐる争いの発生
(c) 相続人等の合意で反故にされる可能性
(d) 遺留分対応が必要
　　後継者が十分な割合の自社株式を取得できない可能性があります。
(e) 認知症対策にならない
　　遺言者の死亡の時から効力が発生するため、現経営者の認知症対策になりません。
(f) 成年後見人による換価処分

エ　会社法制
① 株式の譲渡制限規定(株式の譲渡について、会社の承認を必要とする規定)で株式の分散防止

② 議決権制限株式

株主総会での議決権が制限された株式で、後継者は議決権のある株式、非後継者相続人は議決権制限株式を取得することで、後継者に経営権集中が可能になります。

③ 拒否権付種類株式（黄金株）
　特定の株主総会決議事項に対して拒否権を有する特殊株式です。

④ 相続人等に対する株式売渡請求
　相続等によって株式を取得した株主に対して、会社が株式の売渡請求を行い、強制的に買い取ることができる制度です。

オ　経営承継円滑化法
① 事業承継税制
　（a）非上場株式等に係る相続税・贈与税の納税猶予・免除制度
　（b）個人の事業用資産に係る相続税・贈与税の納税猶予・免除制度

② 遺留分に関する民法の特例

③ 金融支援
　株式・事業用資産の買取資金、相続税納税資金、遺留分対応に対する融資、信用力低下時の運転資金

（3）経営者保証
　後継者に、会社の借入金に対する経営者保証が求められることがあるのですが、令和2年4月より、経営者保証が事業承継の阻害要因にならないよう、次の対策を講じています。
①「経営者保証に関するガイドライン」の特則策定・施行
② 経営者保証解除に向けた支援スキームの創設

③ 事業承継時に経営者保証を不要とする新たな信用保証制度の
　創設

（4）関係者の理解

　親族、役員、従業員、取引先、金融機関に対して、事業承継計
画の説明を行い、理解、納得してもらいます。

　説明のタイミングは個別事情によりますが、漏れのないよう、
配慮します。

　説明と並行して、将来の役員、幹部の世代交代を準備します。

3　従業員等への親族外承継

　従業員等への親族外承継では、後継者の株式買取資金、経営者保証が障害になります。

（1）経営の承継、知的経営資産の承継

　基本は親族内承継と同じですが、現経営者の親族その他の関係者の理解に時間を要することもあります。

ア　社内教育
① 後継者が役員として経験を積み、権限を委譲
② 事業承継後、現経営者が後継者を支援することも検討
③ 現経営者と後継者の対話、意思疎通

イ　社外教育
① 後継者研修、各種セミナー
② 人脈構築、経営手法習得

ウ　知的経営資産の承継
　会社の実態をより丁寧に説明します。
① 知的経営資産の承継
② 会社の強み、弱み
③ 会社の磨き上げ

（2）資産の承継
ア　株式買取のための資金調達
① MBO（Management Buy-Out：マネジメント・バイ・アウト）
　経営陣が株式を取得して経営権を取得する方法
　（a）後継者が個人取得する方法
　（b）株式を取得するための特別目的会社（SPC）を設立して
　　取得する方法

過大な負担になると、後継者の生活を破綻させる可能性もあることを考慮しなければなりません。

② 事業の将来性を担保として、金融機関融資や投資会社出資等

イ　会社法制
　親族外後継者が議決権のある普通株式を取得し、親族が配当優先の議決権制限株式を相続することで、後継者に議決権を集中させる方法があります。

ウ　経営承継円滑化法
① 事業承継税制（非上場株式等に係る相続税・贈与税の納税猶予・免除制度）の親族外後継者への適用（平成 27 年 1 月 1 日以後の贈与又は遺贈）
② 遺留分に関する民法の特例の親族外承継への適用（平成 28 年 4 月 1 日以後の贈与）
③ 金融支援
　後継者やその予定者個人への融資

（3）経営者保証
　親族外承継であっても、後継者に会社の借入金に対する経営者保証が求められることがあります。親族外後継者の経済力は一般的に弱いので、桁違いの債務保証額を見て、承継を断念することもあります。
　親族内承継と同様、令和 2 年 4 月より、経営者保証が事業承継の阻害要因にならないよう、次の対策を講じています。
① 「経営者保証に関するガイドライン」の特則策定・施行
② 経営者保証解除に向けた支援スキームの創設
③ 事業承継時に経営者保証を不要とする新たな信用保証制度の創設

4 第三者への親族外承継

（1）M＆A

合併（Merger）と買収（Acquisition)を意味し、さまざまな形態があります。

ア 株式譲渡

売り手企業の株主が、買い手企業に株式を売却する方法です。

株主が変更になるだけで、従業員との雇用関係、取引先・金融機関との契約関係に変動がなく、事業を継続しやすい方法です。

イ 株式交換

売り手企業の株式全部が、買い手企業発行の新株と交換される方法です。

これにより売り手企業は、買い手企業の完全子会社になります。

ウ 吸収合併

他の会社と合併することで、その会社は消滅し、権利義務のすべてが存続する会社に承継される方法です。

エ 事業の全部譲渡

売り手企業の事業全体を買い手企業に譲渡する方法です。

不動産、動産、ノウハウ、取引先、ブランド等一定の事業目的のために組織化され、有機的に一体として機能する財産の全部が対象になります。

株式譲渡では、買い手企業に簿外債務リスクがありますが、事業譲渡ではそのリスクを抑えることができます。

オ 事業の一部譲渡

売り手企業の事業のうち、一部を買い手企業に譲渡する方法です。売り手、買い手双方が、都合の良い事業を選別できます。

カ　会社分割

　売り手企業が、一部の事業を別会社に分割して、買い手企業に売却する方法です。

（2）M&Aの注意点

ア　秘密保持

　社内外に対する秘密保持は最重要で、厳格な情報管理が求められます。

イ　売り手企業の査定（デューデリジェンス）

　売り手企業の現状分析で、都合の悪いことでも隠してはいけません。

ウ　仲介機関の利用

　専門的知識や買い手の情報が必要になるので、専門の仲介機関（業者）を利用します。

　各都道府県に事業承継・引継ぎ支援センターがあります。

エ　会社の磨き上げ

　企業価値を上げ、売れる会社にします。

① 知的経営資産、強みを認識して活用

② 業績、バランスシートの改善

③ オーナーとの関係見直し

オ　少数株主等の整理

　株式譲渡では、買い手は全株式の取得を希望するので、少数株主等がいる場合には、整理が必要になります。

① オーナー株主、会社による任意の株式買取り

② 相続人等に対する株式売渡請求（会社法 174 条）

③ 株式の併合（少数株主を端株主にして会社が買取り、会社法
  180条）
④ 特別支配株主（議決権の90％以上を保有）の株式等売渡請求
  （会社法179条）

5　事業承継信託の利用

事業承継で信託を利用するメリットは次の通りです。

（1）遺言で対応できないことが可能

① 相続人等の合意で反故にされることがない
② 後継者の知らない間に撤回や書換えをされない
③ 複数の委託者による共同遺言代用信託
④ 後継ぎ遺贈型受益者連続信託
⑤ 成年後見人による勝手な財産処分がない

（2）生前贈与で対応できないことが可能

① 現経営者が当面の間経営を続けたいニーズを満たしつつ、突然の死亡に備えることができる
② 贈与税負担がない議決権の移転
③ 株主総会議決権の移転を「なかったこと」にできる

（3）現経営者の認知症対策として有効

現経営者が亡くなった場合は、一時的に混乱が生じるものの、すぐに手続きが開始されます。何も対策をしていない場合でも遺産分割協議が行われ、揉めることはあるかもしれませんが、次世代への承継は確実に進んでいきます。

一方、現経営者が認知症になると、財産は凍結状態になり、事業承継も進みません。株主総会の議決権行使ができなくなり、次の社長を選任することが難しくなる場合もあり、このような状態は亡くなるまで、ほぼ解消できません。

事後対策として法定後見制度を利用しても、解決策として期待できません。事前対策として任意後見制度を利用しても、自社株式、事業用不動産等会社の経営に与える影響が大きい財産の管理には限界があります。

（4）後継者への自社株式の集中と遺留分対策が可能

　後継者が安定的な経営を行うには、株主総会の特別決議（定款変更、解散、事業譲渡等）が可能な３分の２以上の議決権が必要です。

　一方で、遺留分侵害額請求がなされると、後継者の負担が大きくなるので、非後継者相続人に対する遺留分対策も求められます。

　信託には、後継者への議決権の集中と、遺留分対策を両立できるスキームがあります。

（5）事業承継信託の考え方

　上記のことが実現可能なのは、①資産の承継（経済的な利益を得る権利を受益者に移す）と②経営の承継（自社株式名義を受託者に移し、受託者が議決権を行使する）に分離できるからです。

図表6-1　事業承継信託の考え方

従来の方法　　　　　　　　　　　信託

①資産の承継
②経営の承継

委託者から

分離

①資産の承継
信託財産から生じる利益
（配当金等）を得る権利

受益者へ

②経営の承継
議決権等会社支配権

受託者へ

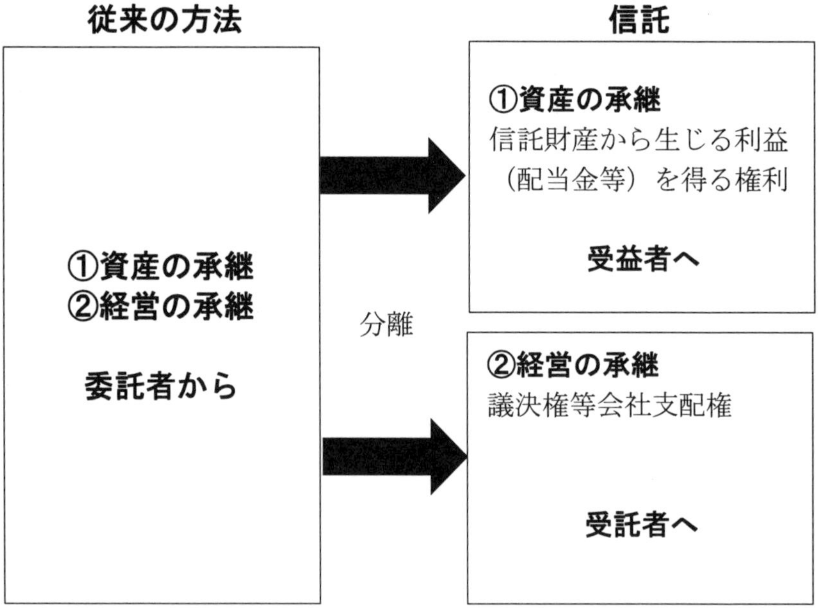

6 事業承継税制

（1）事業承継税制とは

ア 非上場株式等に関する相続税・贈与税の納税猶予・免除制度

　事業承継税制は、後継者である受贈者・相続人等が、「中小企業における経営の承継の円滑化に関する法律（経営承継円滑化法）」の認定を受けている非上場会社の株式等を贈与又は相続等により取得した場合において、その非上場株式等に係る贈与税・相続税について、一定の要件のもと、納税を猶予し、後継者の死亡等により、猶予されている税の納付が免除される制度です。

イ 事業承継税制の特例措置

　事業承継税制は、平成21年度税制改正により創設され、適用要件の緩和がされてきましたが、使い勝手が悪く、適用件数は伸び悩んでいました。

　平成30年度税制改正で、従来からの措置である一般措置に加え、10年間の時限措置として特例措置が創設されました。

① 適用期限

　特例措置は、平成30年1月1日から令和9年12月31日までの間の贈与・相続等であることが要件となります。

　この期間は、特例措置と一般措置が併存しますが、おおむね納税者が有利となる特例措置を選択することになります。

② 特例承継計画の提出

　平成30年4月1日から令和5年3月31日までの間に、特例承継計画を都道府県知事に提出し、その確認を受ける必要があります。

ウ　特例措置の内容

　一般措置と比較した特例措置は次の通りで、条件を満たせば、後継者が贈与税、相続税の納税なしで自社株式を承継でき、低迷していた本税制の利用が増えると期待されています。

① 対象株数
 (a) 一般措置：総株式数の最大３分の２まで
 (b) 特例措置：全株式

② 納税猶予割合
 (a) 一般措置：相続 80%
 (b) 特例措置：相続 100%

③ 承継パターン
 (a) 一般措置：複数の株主から１人の後継者
 (b) 特例措置：複数の株主から最大３人の後継者

④ 雇用確保要件
 (a) 一般措置：承継後５年間、平均８割の雇用維持が必要
 (b) 特例措置：一般措置における雇用確保要件を満たさない場合であっても納税猶予の打切りとはならない

⑤ 事業の継続が困難な事由が生じた場合の納税猶予税額の免除
 (a) 一般措置：なし（後継者が会社売却や廃業を行うと、株価が下落した場合であっても、承継時の株価で計算された贈与税・相続税を納税するため、過大な税負担になる）
 (b) 特例措置：あり（会社売却額や廃業時の評価額で納税額を再計算し、承継時の株価で計算された納税額との差額を減免）

（２）事業承継税制の注意点

ア　納税猶予であり、納税免除ではない点

　すぐに納税免除になるのではなく、最初は納税猶予で、多くは数十年後、後継者死亡時や次の後継者への贈与時に納税免除が確定します。

　事業承継税制の利用が低迷していたのは、優遇税制でありながら、５年～10年経過したら納税が免除されるわけではなく、納税猶予が長期間継続することにありました。

　特例措置でも、この点は解消されておらず、後継者の次の後継者（孫世代）への承継が、現時点で確定していない企業は慎重に対応しなければなりません。

　孫世代への承継時には、後継者不足が一層深刻になっていることも予想され、承継がうまくいかず、M＆Aで第三者へ株式を譲渡すると、納税猶予が打切りになります。

　条件次第では、事業承継税制を使うことで、かえって税負担が増えることもシミュレーションできるので、目先の納税猶予に偏って判断しないようにしたいものです。

イ　納税猶予の打切り

　事業承継税制の適用を受けた非上場株式等を譲渡するなどした場合には、納税猶予は打切りになり、２か月を経過する日までに贈与税又は相続税の全額と利子税を納付しなければなりません。

　後継者が事業を引継いだ時点なら税金の支払い能力があったにもかかわらず、数十年先の高齢になった時に税金の支払能力があるのかを検討しておく必要があります。

　後継者の代においてM＆Aで会社を売却する話があったとき、納税猶予の打切りを恐れて、意思決定に影響を与える可能性もあります。後継者が円滑に意思決定できるよう、現経営者から後継者への承継時の納税を完結しておくこととし、事業承継税制を見送る経営者もいます。

ウ　継続届出書

　納税免除までの間、定期的に継続届出書を税務署に提出しますが、提出がない場合には、納税猶予は打切りになります。

　提出を忘れないよう、期日管理が必要になります。

エ　担保提供

　納税が猶予される贈与税額、相続税額及び利子税の額に見合う担保を税務署に提供します。

　なお、この制度の適用を受ける非上場株式等の全てを担保として提供した場合には、納税が猶予される贈与税額、相続税額及び利子税の額に見合う担保の提供があったものとみなされます。

オ　贈与時までに代表取締役が交代

　令和9年12月31日までに、次の状態になって贈与することが要件になります。

　このスケジュールは実現可能かを検討する必要があります。

① 贈与時に、贈与者（現経営者）は会社の代表権を有していないこと（ただし、代表権のない役員として会社経営に関与するのは可）

② 贈与時に、受贈者（後継者）は会社の代表権を有していること

カ　事業承継税制と信託の併用不可

　非上場株式等を信託した場合には、事業承継税制を適用できないとされています。

　したがって、自社株式の評価額が高い等、税金対策を最優先で考えなければならない経営者が事業承継税制を適用すると、信託を利用できなくなります。

　事業承継では、次の①〜④をバランス良く組み合わせることが求められます。

① いつ承継を行うのか（承継時期）

② 誰に承継させるのか（後継者）

③ 何をどれだけ承継させるのか（遺留分）

④ 納税資金確保と税の軽減対策（課税）

　信託は①いつ、②誰に、③何をどれだけ承継させるのかを円滑に行う方法ですが、事業承継税制を適用すると、信託のメリットを享受できなくなります。具体的には、現経営者が当面の間経営を続けたいニーズを満たしつつ、突然の死亡に備えることができること、事業承継の後戻り、経営者の認知症対策、遺留分対策、後継ぎ遺贈型受益者連続信託等が難しくなります。

（3）信託協会の要望

　一般社団法人信託協会は「令和3年度税制改正に関する要望」において、「株式の信託を利用した事業承継について、納税猶予制度の適用対象とすること」を求めています。

「事業承継における信託の活用 [1]」

　株式の信託を利用した事業承継について、納税猶予制度の適用対象とすること。

（イ）中小企業は、雇用の確保や経済の活性化等、各地域において重要な役割を担う存在であり、中小企業の活力を維持しつつその事業活動を継続し、経営が次の世代へと円滑に承継されていくことは、わが国経済の持続的な成長を確実なものとする上で極めて重要である。また、新型コロナウイルス感染症の拡大を受け、中小企業の経営は急速に悪化し、一部では休廃業や解散に至る状況に直面しており、事業承継への取り組みは待ったなしの状況である。

（ロ）事業承継の際の障害の一つである税負担の問題を抜本的に

---

[1] 一般社団法人 信託協会ホームページ　「令和3年度税制改正に関する要望(2020年9月)」
https://www.shintaku-kyokai.or.jp/archives/015/202009/20200917.pdf

解決するため、平成21年度税制改正において、非上場株式
等に係る相続税および贈与税の納税猶予・免除制度が創設さ
れた。また、平成30年度税制改正において、中小企業経営
者の高齢化の進展という現状を踏まえ、令和5年3月末まで
に特例承継計画を提出し、10年以内に承継した際には、納税
猶予割合を100％に引き上げる等の抜本的な拡充が行われた。

(ハ) 平成19年に抜本改正された信託法が施行され、その立法過
程において事業承継の円滑化のための信託の活用ニーズが
主張されたこと等を踏まえて、遺言代用信託をはじめ、中小
企業の事業承継の円滑化に活用可能な信託の類型が創設ま
たは明確化された。

(ニ) 中小企業の経営者あるいは後継者（以下、経営者等）には、
①経営者が現役であるうちに、後継者の地位を確立させたい、
②遺留分に留意しつつも、経営権の分散化を回避したいとい
ったニーズがあり、遺言代用信託や帰属権利者を指定する信
託は、これらの経営者等のニーズに適うほか、経営上の空白
期間が生じないといった点で遺言よりも優位性がある。

(ホ) このように、信託を利用することで、生前における株式の承
継を含め、事業承継に向けた早期かつ計画的な取組みを促す
ことができ、また、経営者等の円滑な事業承継に係る様々な
ニーズによっては、単純に株式を贈与・相続させるよりも、
信託を利用することで、経営者の認知能力低下への対応等を
図りつつ、　万一の場合に備えた円滑な事業承継の促進を図
れる場合があるが、信託を用いた場合には事業承継税制を適
用できないとされている。

(ヘ) 以上のことから、株式の信託を利用した事業承継について、
非上場株式等に係る相続税および贈与税の納税猶予制度の
適用対象とすることとされたい。

第7章

事業承継信託の活用事例

事例1 経営の実権を維持できる事業承継信託（自益信託）

　現経営者が、後継者に自社株式を信託し、後継者に自社株式の管理・運用を任せます。ただし、現経営者が経営の実権を後継者に渡すわけではなく、後継者が育つまで、実質的に議決権を行使することで、経営の実権を持ち続けることができます。

　一方、信託にしておくことで、現経営者が急死したり、認知症になったりしても、議決権が円滑かつ確実に後継者に承継され、経営に空白が生じません。

1　遺言と比較した信託のメリット

① 信託では自社株式を確実に承継できる

　相続人全員と受遺者（財産を遺贈された人）の合意で遺言を反故にすることができます。

② 信託契約の方法では認知症対策として有効

　遺言の効力は、遺言者の死亡の時から生じるので、認知症対策として無力です。

③ 信託では承継手続きが円滑

　遺言の効力は、現経営者の死亡の時から生じるので、経営の空白が生じる可能性があります。

④ 信託では承継が安定的

　遺言は、いつでも撤回や書換えが可能で、後継者が知らない間に内容が変更されると、後継者の地位は不安定になります。

⑤ 信託では成年後見人による財産の換価処分がない

　成年後見人は、成年被後見人のすべての財産の処分権を有する

ので、遺言書に記載されている事業用資産であっても換価処分し、遺言がその目的を達成できないこともあります。

⑥ 後継ぎ遺贈型受益者連続信託が可能
遺言では、後継ぎ遺贈は無効とする説が有力です。

⑦ 信託では複数の委託者による共同遺言代用信託が可能
遺言では、二人以上の者が同一の証書ですること（共同遺言）ができません（民法975条）。

⑧ 信託には心理的抵抗がない
遺言と遺書は異なるものですが、混同し、遺言を書くことは何か不吉で、縁起でもないことのように感じる人もいます。

⑨ 信託では家族会議で家族全員が合意
遺言は、遺言者の単独行為で、誰とも相談することなく一人で作ることができます。検証する人がいないと、遺留分その他のリスクへの対応が甘くなりがちです。

2　生前贈与と比較した信託のメリット
① 信託では現経営者が当面経営を続けたいニーズを満たせる
生前贈与では、現経営者の議決権が失われてしまいます。

② 信託では贈与税負担がない議決権の移転が可能
生前贈与では、贈与税が課税されます。

③ 信託では議決権の移転を「なかったこと」にできる
生前贈与では、一度贈与すると解除は難しく、後継者を変更することになっても、現経営者が自社株式を取り戻せない可能性があります。

3　スキーム

図表7-1　議決権コントロール型（自益信託）

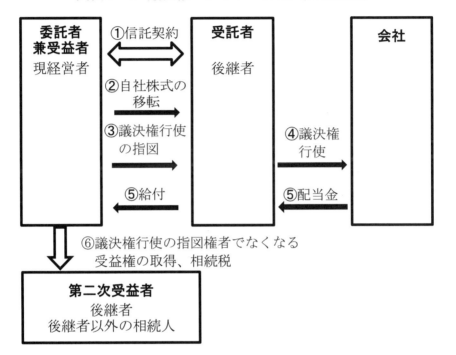

①　信託契約

　委託者(現経営者)が受託者（後継者）と信託契約を結びます。

　自社株式の名義（議決権）は受託者に移転し、委託者が受益権を取得します。

　委託者兼受益者とする自益信託を設定した場合、税務上、設定の前後で、経済的な価値の移動がないことから、相続税、贈与税の課税関係は生じません。

　なお、非上場会社の株式は譲渡制限が付されていることが多いので、事前に譲渡承認を受けておく必要があります。

② 自社株式の移転

委託者が受託者に対して自社株式を移転します。

③ 議決権行使の指図 ④ 議決権行使

受託者が、株主総会で議決権を行使します。

委託者が、議決権行使の指図権者になることで、受託者に必要な指図をし、これに従うよう指示します。これで委託者である現経営者が議決権を実質的に行使することになります。

委託者が議決権行使の指図権者にならなければ、受託者が自らの判断で議決権を行使します。

⑤配当金・給付

受託者は会社から配当金を受け取り、信託報酬・諸経費を控除した残額を信託利益として受益者に給付します。

⑥ 議決権行使の指図権者でなくなる、受益権の取得、相続税

委託者が死亡したり、認知症で判断能力を失ったりすると、議決権行使の指図権者でなくなり、以降、受託者が自らの判断で議決権を行使します。実質的に議決権が後継者に移るので、議決権行使は滞りません。

委託者の死亡で、第二次受益者（後継者及び後継者以外の相続人）が、あらかじめ信託行為で定めていた割合で、受益権を取得します。信託財産は遺産分割協議の対象にならず、第二次受益者に承継されるので、遺言と同じような機能を持ちます（遺言代用信託）。

受益者の変更があった場合に、適正な対価の負担がなかったときは、変更後の受益者が、変更前の受益者から、遺贈により受益権を取得したものとみなし、相続税が課税されます。

また、委託者の死亡で、信託を終了させる定めにしていると、帰属権利者として定められている後継者及び後継者以外の相続人に自社株式を給付することもできます。

【後継者を変更し、信託を終了させた場合】

　何らかの理由で後継者を変更し、信託を終了させた場合、現経営者を信託財産（自社株式）の帰属権利者としていれば、現経営者は自社株式を取り戻すことができます。

　現経営者を委託者兼受益者とする自益信託の場合、信託設定の前後で、経済的な価値の移動がないことから、贈与税の課税関係は生じません。信託が終了し、自社株式が現経営者に帰属した場合も、経済的な価値の移動がないことから、贈与税の課税関係は生じません。

事例2 経営の実権を維持できる事業承継信託（他益信託）

事例1は自益信託でしたが、事例2は他益信託です。

違いは信託設定時に、後継者及び後継者以外の推定相続人が受益者になることです。

1 スキーム

図表7-2 議決権コントロール型（他益信託）

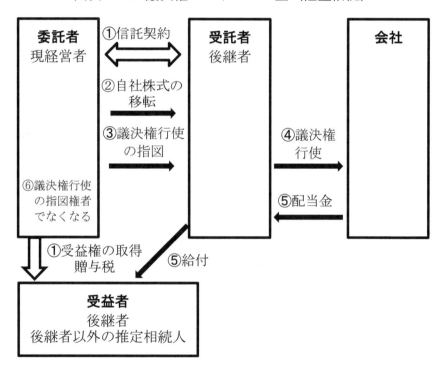

① 信託契約

　委託者(現経営者)が受託者（後継者）と信託契約を結びます。

　自社株式の名義（議決権）は受託者に移転します。

　後継者及び後継者以外の推定相続人が受益権を取得し、適正な対価を負担しなかった場合、受益者は贈与により取得したものとみなされ、贈与税が課税されます。

　事例1同様、非上場会社の株式は譲渡制限が付されていることが多いので、事前に譲渡承認を受けておく必要があります。

② 自社株式の移転

　委託者が受託者に対して自社株式を移転します。

③　議決権行使の指図　④　議決権行使

　受託者が、株主総会で議決権を行使します。

　委託者が、議決権行使の指図権者になることで、受託者に必要な指図をし、これに従うよう指示します。これで委託者である現経営者が議決権を実質的に行使することになります。

　委託者が議決権行使の指図権者にならなければ、受託者が自らの判断で議決権を行使します。

⑤配当金・給付

　受託者は会社から配当金を受け取り、信託報酬・諸経費を控除した残額を信託利益として受益者に給付します。

⑥ 議決権行使の指図権者でなくなる

　委託者が死亡したり、認知症で判断能力を失ったりすると、議決権行使の指図権者でなくなり、以降、受託者が自らの判断で議決権を行使します。実質的に議決権が後継者に移るので、議決権行使は滞りません。

　受益権は、既に現経営者から後継者及び後継者以外の推定相続人に移っており、信託は継続することも、終了させることもできます。委託者の死亡で、信託を終了させる定めにしていると、帰属権利者として定められている後継者及び後継者以外の相続人に自社株式を給付します。

【後継者を変更し、信託を終了させた場合】

　何らかの理由で後継者を変更し、信託を終了させた場合、現経営者が信託財産（自社株式）を取り戻すことは可能ですが、贈与税がネックになります。

　他益信託の場合、信託設定の前後で、委託者から受益者に経済的な価値が移動し、贈与税が課税されます。

　信託が終了し、現経営者が自社株式を取り戻した場合、再度経済的な価値が移動することから、新たな贈与税の課税関係が生じます。

　他益信託は事業承継の後戻りが難しい方法です。

2　自益信託と他益信託の選択基準

　信託設定時に、委託者である現経営者が受益者になる自益信託と、後継者及び後継者以外の推定相続人が受益者になる他益信託の主な選択基準は税金になります。

　自益信託の信託設定時には、相続税、贈与税の課税関係は生じません。委託者の死亡で、受益者の変更があったときに、変更後の受益者に対して、相続税が課税されます。

　他益信託の信託設定時には、受益者となった者に対して、贈与税が課税されます。

　一般的には、税額が抑えられ納税時期も先送りされる「自益信託で相続税」を選択することが多いのですが、業績好調で自社株式評価額の上昇が見込まれる場合や、現経営者存命中に承継を終わらせたい場合には、「他益信託で贈与税」を選択します。

　税金以外の要因、例えば、いましばらく後継者の経営能力を見極めたい場合や、後継者自身も事業を引継ぐ覚悟が固まっていない場合には、後戻りがしやすい自益信託にしておいた方がいいです。

事例3 経営の実権を維持できる事業承継信託 （自己信託）

　自己信託は、平成20年から利用できるようになった新しい信託の方法です。

　委託者が自身を受託者（委託者＝受託者）とし、自己の財産を他者のために管理又は処分等する旨を公正証書等で意思表示して、設定します。

　「信託とは、自己の財産を信頼できる**別の人**に移転し、管理・処分等をしてもらい、その財産から生じる利益は自分自身又は受け取って欲しい人に渡す仕組み」という従来の信託とは異なる方法となります。

　信託設定を急ぐ場合、当面は委託者自身で財産管理を行うのが望ましい場合等での利用が見込まれます。

1　自己信託のメリット
① 自社株式を確実に承継できる
② 現経営者が当面経営を続けたいニーズを満たせる
③ 信託設定を急ぐ場合に素早く対応できる

　まず、自己信託で信託設定を先行させ、後継受託者が決まったところで交代することで、一般的な信託契約型に変更できます。

2　自己信託のデメリット
① 認知症対策にならない

　委託者兼受託者が認知症になると、信託が機能しなくなります。

② 債権者詐害

　委託者兼受託者が、財産隠匿、強制執行逃れ等に悪用し、債権者を害するおそれがあります。

3 スキーム

図表7-3 議決権コントロール型（自己信託）

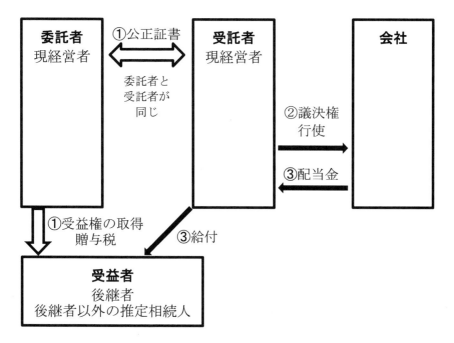

① 公正証書

　委託者の意思表示による設定で、公正証書によって行う場合、公正証書の作成によって信託の効力を生じます。

　後継者及び後継者以外の推定相続人が受益権を取得し、適正な対価を負担しなかった場合、受益者は贈与により取得したものとみなされ、贈与税が課税されます。

② 議決権行使

　株主は委託者から受託者にかわるのですが、委託者（現経営者）と受託者（現経営者）が同一で、現経営者は受託者の地位に基づいて議決権を行使します。指図権者ではなく、自ら議決権を行使することにこだわる場合に適しています。

③ 配当金・給付

　受託者は会社から配当金を受け取り、信託報酬・諸経費を控除した残額を信託利益として受益者に給付します。

【後継者を変更し、信託を終了させた場合】

　何らかの理由で後継者を変更し、自己信託を終了させた場合、現経営者が信託財産（自社株式）を取り戻すことは可能ですが、贈与税がネックになります。

　自己信託の場合、信託設定の前後で、委託者から受益者に経済的な価値が移動し、贈与税が課税されます。

　信託が終了し、現経営者が自社株式を取得した場合、再度経済的な価値が移動することから、新たな贈与税の課税関係が生じます。

　自己信託は、他益信託同様、事業承継の後戻りが難しい方法です。

事例 4 後継ぎ遺贈型受益者連続信託

　後継ぎ遺贈とは、遺贈者Ａが財産を第一次受遺者Ｂに遺贈するが、Ｂがこの財産の所有権を有するのはＢの存命中だけで、Ｂの死亡後は、Ａが定めた第二次受遺者Ｃが、Ａ（Ｂではない）からの遺贈により取得する、という遺贈です。

　後継ぎ遺贈に対する実務上のニーズは多くあるのですが、民法では、後継ぎ遺贈を無効とする説が有力です。

1　後継ぎ遺贈型受益者連続信託

　後継ぎ遺贈型受益者連続信託は「特定の人に承継したい財産を数代にわたって承継できる」スキームです。

　遺言では「次」だけですが、信託では「次の次」以降の受益者を連続して定めることができます。

2　スキーム

図表 7 - 4　後継ぎ遺贈型受益者連続信託

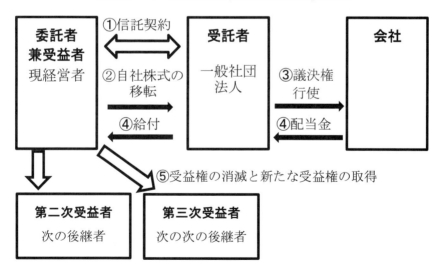

① 信託契約

　委託者(現経営者)が受託者（一般社団法人）と信託契約を結びます。長期の信託期間になるので、受託者は一般社団法人にします。

　自社株式の名義（議決権）は受託者に移転し、委託者が受益権を取得します。

② 自社株式の移転

　委託者が受託者に対して自社株式を移転します。

③ 議決権行使

　受託者が株主総会で議決権を行使します。

④ 配当金・給付

　受託者は会社から配当金を受け取り、信託報酬・諸経費を控除した残額を信託利益として受益者に給付します。

⑤ 受益権の消滅と新たな受益権の取得

　前の受益者の死亡で受益権が消滅し、次の受益者が新たな受益権を取得します。

3　後継ぎ遺贈型受益者連続信託における遺留分

　本事例は、受益者の死亡により、当該受益者の有する受益権が消滅し、他の者が新たな受益権を取得する旨の定めのある信託です。

　委託者兼受益者の死亡で、委託者兼受益者の有する受益権が消滅し、第二次受益者が委託者から新たな受益権を取得します。

　次に、第二次受益者の死亡で、第二次受益者の有する受益権が消滅し、第三次受益者は、直前の第二次受益者からではなく、委託者から新たな受益権を取得したものとします。

　この場合、遺留分は一次相続時に織込み済みになり、二次相続における法定相続人の遺留分の対象にならないと考えられています。ただし、最高裁の判例がなく、二次相続で遺留分の対象にならないと言い切れないことには注意してください。

なお、委託者兼受益者が死亡して、第二次受益者が受益権を取得する時（一次相続）においては、委託者兼受益者の法定相続人の遺留分の対象になります。

事例5 後継者への議決権の集中とその他相続人の相続分のバランスをとる信託

　相続対策を行っていない状態で、相続が発生すると、被相続人の財産は、まず法定相続人全員に包括承継されます。

　誰が、どの財産をいくら相続するかは、法定相続人全員が参加する遺産分割協議で決めます。

　遺産分割協議では、相続人の利害がぶつかり、争いが発生しがちなのですが、争いを回避しつつ、後継者に自社株式を集中させ、後継者以外の相続人も満足できるような分配にすることが求められます。

　このように、正反対の方向を向いている分配をうまく実現すること自体、難易度が高いのですが、財産のほとんどが自社株式で金銭の割合が小さいケースでは、より一層難しいことになります。

　後継者に自社株式を集中させるかわりに、後継者以外の相続人に金銭を支払う代償分割が解決策になりうるのですが、後継者の経済的負担が大きくなります。

1　信託の利用

　信託を使うことで、後継者への議決権の集中と、後継者以外の相続人の相続分を満たすことが可能になります。

　後継者が必要なのは自社株式そのものではなく、議決権であるため、後継者が受託者となる信託を設定することで、後継者への議決権集中を実現します。

　信託財産から生じる利益を得る権利を受益権として、後継者以外の相続人が取得することで相続分を満たします。

2 スキーム

図表 7-5 議決権の集中と相続分のバランスを取る信託

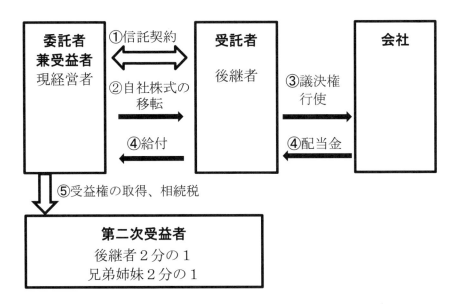

① 信託契約

　委託者(現経営者)が受託者（後継者）と信託契約を結びます。自社株式の名義（議決権）は受託者に移転し、委託者が受益権を取得します。

　委託者兼受益者とする自益信託を設定した場合、税務上、設定の前後で、経済的な価値の移動がないことから、相続税、贈与税の課税関係は生じません。

② 自社株式の移転

　委託者が受託者に対して自社株式を移転します。

③ 議決権行使

　受託者が、株主総会で議決権を行使します。

④ 配当金・給付

　受託者は会社から配当金を受け取り、信託報酬・諸経費を控除した残額を信託利益として受益者に給付します。

⑤ 受益権の取得、相続税

　委託者の死亡で、第二次受益者（後継者及び兄弟姉妹）が受益権を取得します。

　相続人が、子である後継者及び後継者の兄弟姉妹の2名の場合、後継者の受益権割合を2分の1、兄弟姉妹の受益権割合を2分の1とすることで、相続分に対応できます

　なお、相続税は相続分に応じて課税されます。兄弟姉妹に議決権はありませんが、議決権がないことを理由とする相続税の減額はありません。

3　均分相続へのこだわり

　事業承継において、均分相続にこだわり過ぎると、弊害が出てきます。

　ある会社で、持株比率が、経営者と社外の兄弟姉妹2名、計3人で3分の1の均等になっていました。いきさつを伺うと、母親が3人を平等にしたくて、先代経営者であった父親の意向に反して実現させてしまったようです。

　「平等主義者だったからいまさら悔やんでも仕方がない。」と経営者はおっしゃっていましたが、すでに妹が口を挟んでくることが重荷になっており、将来が不安だと言われていました。

　事業承継で均分相続にこだわると、将来の争いが発生しやすく、M＆Aや廃業の決断も難しくなる可能性があります。

事例6 現経営者の認知症に備える信託

　経営者が、認知症、病気、交通事故等で判断能力を喪失してしまうことがあります。

　死亡に備えて、遺言書を書く経営者は増えてきていますが、認知症対策までしている経営者は稀です。

　何も事前対策をしていないと、自社株式の議決権行使ができず、後継の社長、役員を選任できなくなりますし、個人財産を会社のために使用することも許されません。

　「いざとなれば法定後見制度を利用したらいい。」と甘く考えている経営者もいますが、法定後見制度では解決が難しく、かえって不自由になることもあります。

　法定後見制度は、国民の誰もが利用できるように設計された汎用的な制度なので、経営者の認知症対策としては不十分なものになっているのです。

1　認知症になったときの議決権行使

　「経営者が株式を100%保有しており、株主総会はいつも開催したことになっている。」ということをしばしば聞きます。

　そして、経営者が認知症になった場合、「これまでも株主総会を開いていないのだから、株主総会を開催したことにして、適当に書類を作ればいい。」と言います。これは、罪になる可能性があります。

　また、「経営者は遺言書を書いているので、その内容通りに、後継者に名義を移して、議決権を行使してもらえばいい。」と言う人もいます。経営者が認知症になっても、存命中は遺言の効力は生じません。

　このようなことを回避するために、経営者の認知症対策として、信託を利用します。

2 スキーム

図表 7-6 認知症に備える信託

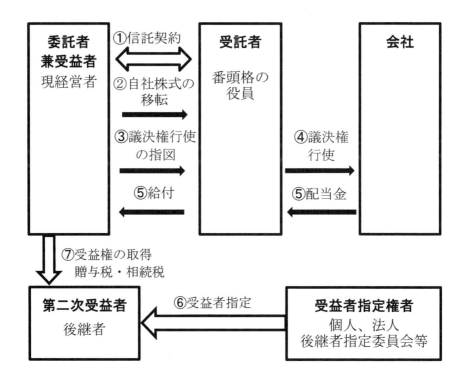

① 信託契約

　委託者(現経営者)が受託者（番頭格の役員）と信託契約を結びます。

　自社株式の名義（議決権）は受託者に移転し、委託者が受益権を取得します。

　委託者兼受益者とする自益信託を設定した場合、税務上、設定の前後で、経済的な価値の移動がないことから、相続税、贈与税の課税関係は生じません。

現経営者が認知症になったときに後継者が決まっていないことを想定し、後継者が決まるまでの間、ピンチヒッターとして、経営ができる番頭格の役員を受託者に選任します。

② 自社株式の移転

委託者が受託者に対して自社株式を移転します。

③ 議決権行使の指図 ④ 議決権行使

受託者が、株主総会で議決権を行使します。

委託者が、議決権行使の指図権者になることで、委託者である現経営者が議決権を実質的に行使することになります。

将来、委託者が、認知症で判断能力を喪失した場合、議決権行使の指図権者でなくなり、以降、受託者の判断で議決権を行使する設定にしておきます。

⑤配当金・給付

受託者は会社から配当金を受け取り、信託報酬・諸経費を控除した残額を信託利益として受益者に給付します。

⑥ 受益者指定権者

現経営者が認知症になった場合、次の受益者を指定する権利を有する人（受益者指定権者）が、新受益者（後継者）を指定します。

なお、受益者指定権者には、個人、法人だけでなく、法人格のない後継者指定委員会もなることができます。

⑦ 受益権の取得、贈与税・相続税

指定された第二次受益者が受益権を取得します。

適正な対価の負担がなかった場合、第二次受益者が受益者から贈与（遺贈）により受益権を取得したものとみなされ、贈与税、相続税が課税されます。

事例7 中継ぎ経営者経由で親族に承継する信託

　現経営者の子を後継者としていたところ、急逝し、孫に事業承継することとなった事例を考えます。

　若い後継者が、すぐに社長になるのが難しい場合には、親族外の中継ぎ経営者に経営を任せることがあります。

　その際、孫が自社株式を保有すると、中継ぎ経営者は若くて、経験の浅い、部下でもある孫にお伺いを立てながら経営することになり、人間関係がうまくいかない可能性があります。

　これを回避するために、中継ぎ経営者に自社株式を保有させることも考えられますが、将来、孫が自社株式を取り戻せない可能性があります。

　このようなケースにおいて、信託を使うと、中継ぎ経営者が社長の地位にある時に、実質的に議決権を持つことと、将来、孫が自社株式を確実に承継することが可能になります。

1 スキーム

図表7-7 中継ぎ経営者経由で親族に承継する信託

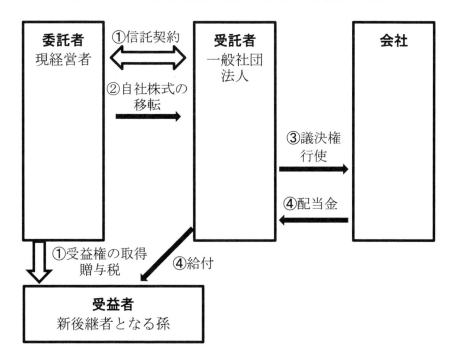

① 信託契約

　委託者（現経営者）が受託者と信託契約を結びます。

　自社株式の名義（議決権）は受託者に移転します。

　受託者は一般社団法人とし、理事長には、その時点での社長が就任する設定にします。

　新後継者となる孫が受益権を取得し、適正な対価の負担がない場合には、受益者は贈与により取得したものとみなされ、贈与税が課税されます。

② 自社株式の移転

　委託者が受託者に対して自社株式を移転します。

③ 議決権行使

受託者である一般社団法人の理事長には、その時点での社長が就任するので、現経営者、中継ぎ経営者、孫がそれぞれ社長の時に一般社団法人理事長の立場で議決権を行使します。

④ 配当金・給付

受託者は会社から配当金を受け取り、信託報酬・諸経費を控除した残額を信託利益として、受益者に給付します。

2　注意点

① 信託期間

孫の経営者適齢年齢までの期間や、中継ぎ経営者の年齢を考慮して信託期間を設定します。

② 贈与税負担

本事例は、信託設定時に孫が受益者となる他益信託にしましたが、贈与税が課税され、納税資金が必要になります。若年のため財産の蓄積がなく、納税資金が不足することも考えられます。

③ 遺言代用信託の検討

当初受益者を委託者である現経営者とし、委託者が死亡した時に、孫が受益権を取得する設定も可能です。

相続税は課税されますが、すぐに贈与税が課せられることは避けられます。

孫の経営能力を見極めたい、孫が後継者になる覚悟を固めるまで待ちたい場合にも対応しやすくなります。

④ 中継ぎ経営者への確認

孫への社長引継ぎに異論がない旨の確認が必要になりますし、信託契約で、孫に経営の承継が確実に行われる定めもしておきます。

⑤ 中継ぎ経営者の個人保証問題

　中継ぎ経営者にとって、会社債務の個人保証は過大な負担になります。現経営者が中心になって、金融機関が個人保証を求めないよう交渉を行う必要があります。

　「経理の透明性」「財務体質の強化」を継続して、金融機関との信頼関係を強化します。加えて、経営者保証コーディネーター、事業承継時の経営者保証を不要とする信用保証制度の利用も検討します。

⑥ 問題が発生した場合

　信託期間中に、中継ぎ経営者と孫の間に問題が発生した場合、信託を変更、終了できるよう信託契約に定めておく必要があります。

事例8 親族外役員、従業員に承継する信託

　少子化や価値観の多様化で、親族の後継者不在が増加しており、親族外役員、従業員にまで後継者候補を拡げておくことも必要です。

　親族外承継では、自社株式を無償で贈与、遺贈するのではなく、対価を伴った譲渡が多くなります。

　その際、ネックになるのが、株式買取資金の調達です。借入金による調達を行うと、経済的な余裕がない親族外役員や従業員にとって大きな負担となります。

　また、現経営者の厚意で、贈与、遺贈となっても、納税資金までは贈与、遺贈してくれないので、後継者自身で納税資金の調達をしなければなりません。

　信託を使うと、親族外役員、従業員が受託者になり、経営の承継を先行でき、現経営者の相続人から、時間をかけて受益権を買取ることが可能になります。

図表 7-8 親族外役員、従業員に承継する信託

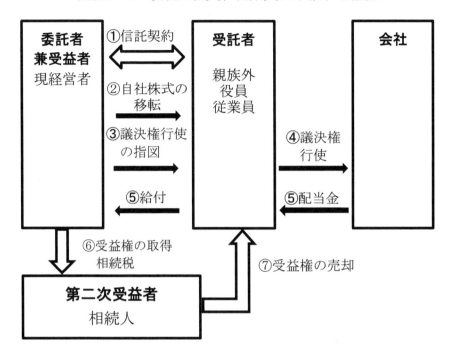

① 信託契約

　委託者（現経営者）が受託者（後継者になる親族外役員、従業員）と信託契約を結びます。

　自社株式の名義（議決権）は受託者に移転し、委託者が受益権を取得します。

　委託者兼受益者とする自益信託を設定した場合、税務上、設定の前後で、経済的な価値の移動がないことから、相続税、贈与税の課税関係は生じません。

② 自社株式の移転

　委託者が受託者に対して自社株式を移転します。

③ 議決権行使の指図 ④ 議決権行使

受託者が株主総会で議決権を行使します。

委託者が議決権行使の指図権者になることで、受託者に指図を行います。

受託者は、委託者の指図で議決権行使をしますが、指図内容が信託目的に合っているのか判断し、経営者としての能力を向上させていきます。

委託者の死亡、判断能力喪失で、議決権行使の指図権者でなくなる設定にしておき、現実になった場合には、受託者が自らの判断で議決権を行使します。

⑤配当金・給付

受託者は会社から配当金を受け取り、信託報酬・諸経費を控除した残額を信託利益として受益者に給付します。

⑥ 受益権の取得、相続税

委託者が死亡すると、第二次受益者（相続人）が受益権を取得します。

適正な対価の負担がなかった場合は、第二次受益者は遺贈により取得したものとみなされ、相続税が課税されます。

⑦ 受益権の売却

第二次受益者は、後継者となった親族外役員、従業員に時間をかけて、受益権を売却します。

事例 9　少数株主対策信託

1　少数株主

　少数株主とは、非上場会社の株式を保有はしているものの、現経営者など中心的な株主から縁遠くなった親族株主、取引先株主、従業員株主等のことです。

　毛利元就の三本の矢の話のように、兄弟姉妹で仲良く経営を続けていって欲しい願いから、自社株式を均分相続したり、相続税、遺留分対応で株式を分散したり、名義株主（平成２年の商法改正前は、株式会社の設立において発起人が７人必要であったため、創業者が出資金を用意するものの、名義を知人から借りて設立することがあった）であったり、理由はさまざまですが、少数株主がいる会社には高い確率で出会います。

2　少数株主リスク

　少数株主の相続が続くと、現経営者が会ったこともない人が株主となり、何らかの権利を行使して、会社経営に悪影響を与えることがあります。

　また、相続の度に、ネズミ算方式で株主が増え、管理不能に陥ることもあります。

　これまでは、少数株主から不当な要求をされたことがない、あっても影響が軽微だったのかもしれませんが、権利を主張することが当たり前の社会になってきており、今後どのような要求を受けるのか予想がつきません。

　また、Ｍ＆Ａでの会社売却時には、相手方は株式を 100％取得することを希望するので、少数株主の存在が売却価格に悪影響を与えることもあります。

3 少数株主対策

① 株式買取

　少数株主から株式を買い取ることが、一般的な方法ですが、簡単に決着しないことが多く、現経営者、後継者、会社にとって負担が大きくなりがちです。特に、会社が順調に成長していると、自社株式の評価額が上がり、買取価格も高額になります。

② 会社法制の利用

　種類株式等会社法制を利用する方法も考えられますが、手続きが煩雑で大がかりなものになりますし、強引なやり方でもあるため、慎重に対応しなければなりません。

③ 良好な関係の少数株主

　会社の経営には口出ししないかわりに、安定配当を希望する少数株主もいます。

　株式保有を継続したいと考えており、良好な関係を維持しやすい株主です。

④ 信託

　経営者に、株主総会の議決権を集中させることが重要なのですが、信託では「議決権」と「配当を受ける権利＋株式売却による代金を受ける権利」に分け、株式を保有しなくても、経営者に議決権を集中させることができます。

　上記③良好な関係の少数株主が、配当を受け続けたい希望を満たすこともできます。

4 スキーム

図表7-9 少数株主対策信託

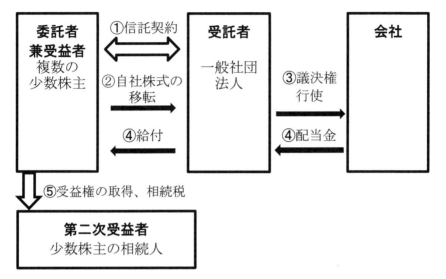

① 信託契約

　委託者(複数の少数株主)が受託者（一般社団法人）と信託契約を結びます。

　自社株式の名義（議決権）は受託者に移転し、委託者が受益権を取得します。

　受託者は、一般社団法人とし、理事長には、その時点での会社の社長が就任する設定にします。

　委託者兼受益者とする自益信託を設定した場合、税務上、設定の前後で、経済的な価値の移動がないことから、相続税、贈与税の課税関係は生じません。

② 自社株式の移転

　委託者が受託者に対して自社株式を移転します。

③ 議決権行使

　受託者が株主総会で議決権を行使します。

④ 配当金・給付

　受託者は会社から配当金を受け取り、信託報酬・諸経費を控除した残額を信託利益として、受益者である少数株主に給付します。

⑤ 受益権の取得、相続税

　受益者が死亡すると、その相続人が受益権を取得します。

　適正な対価の負担がなかった場合は、遺贈により取得したものとみなされ、相続税が課税されます。

5　注意点

① 第二次受益者以降の定め

　親族等しか受益者になれないことや、受益権の譲渡は、受託者の同意を得なければならないこと等を定めておきます。

② 信託期間

　20〜30年程度に設定します。経営安定が目的なので、長期間がいいのですが、長すぎるのもよくなく、20〜30年程度を目安にします。

③ 少数株主との信頼関係維持

　少数株主が不満を持たないよう、受託者は少数株主に対して、議決権行使内容を報告するなど、フォローをしっかり行います。

　少数株主がメリットを感じられるようにするために、例えば、少数株主の代表者が、受託者である一般社団法人の理事に就任して、理事会で意見が述べられるようにします。

④ 問題発生時の対応

　少数株主と良好な関係が維持できればいいのですが、長期の信託期間中には、問題が生じることもあります。

　問題発生時には真摯に対応し、現経営者が受益権を買取ることも行います。

事例10 M&A、廃業に備える信託

　M＆Aでは、反対株主がいると破談になることがあります。

　廃業においても、反対株主対応に追われ、時間の経過とともに資産価値が下落し、現経営者が破産に追い込まれることもあります。

　このようなことを回避するために、信託を使い、受託者に議決権を集中させておきます。

　また、M＆Aや廃業には時間がかかるので、現経営者が途中で亡くなったり、認知症になったりすることもあるのですが、信託を使うことで、手続きが滞ることを回避できます。

1　スキーム

図表7-10　M＆A、廃業に備える信託

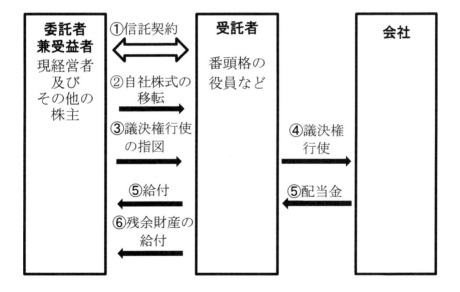

① 信託契約

委託者(現経営者及びその他の株主)が受託者（番頭格の役員など）と信託契約を結びます。

自社株式の名義（議決権）は受託者に移転し、委託者が受益権を取得します。

受託者は、議決権の行使だけでなく、交渉、調査、契約締結、その他の権限も有します。

② 自社株式の移転

委託者が受託者に対して自社株式を移転します。

③ 議決権行使の指図 ④ 議決権行使

受託者が株主総会で議決権を行使します。

委託者である現経営者が議決権行使の指図権者になることで、受託者に必要な指図をします。

委託者（現経営者）が死亡したり、認知症で判断能力を失ったりすると、指図権者でなくなり、以降、受託者が自らの判断で議決権を行使します。実質的に議決権が受託者に移ることで、議決権行使は滞りません。

⑤ 配当金・給付

受託者は会社から配当金を受け取り、信託報酬・諸経費を控除した残額を信託利益として受益者に給付します。

⑥ 残余財産の給付

M＆A、廃業の手続が終了した時に、信託を終了します。

帰属権利者（現経営者及びその他の株主）に、残余財産を給付します。

2　注意点

M＆Aや廃業には時間とお金がかかるので、高齢となった経営者の負担は大きくなります。

タイミングも重要なので、追い込まれてから開始するのではなく、余裕をもって行動を起こすようにしてください。

第8章

その他の信託の活用事例

信託の利用は事業承継だけではありません。以下では、事業承継以外の信託を紹介します。

事例 11　売掛債権信託による資金調達

　企業の貸借対照表には、さまざまな資産があります。

　資産を精査すると、優良資産から不良債権、減損対象不動産まで、さまざまな資産が混在しています。

　金融機関は資産全体で信用格付を行い、貸出条件を決めるので、優良資産を持っていても、不良化した資産の割合が大きいと格付が低くなります。結果、借入金の条件は、優良資産の実力を活かしきれないものになりがちです。

　優良資産とは、安全性、収益性、効率性がバランスよく高いものを言います。なかなかそのような資産はないものですが、どれか一つ（又は二つ）だけが優良な資産もあります。

　例えば、国や都道府県、優良大企業への売掛債権は、回収サイトが長期で効率性は良くないものの、安全性は最高ランクになります。この売掛債権を資産の中から取りだして、裏付けにした資金調達を行えば、好条件での調達が可能になります。

1　スキーム

図表8-1　売掛債権信託（商事信託）

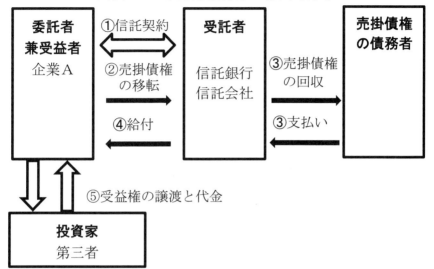

① 信託契約

　委託者（企業A）が受託者（信託銀行、信託会社）と信託契約を結びます。自益信託を設定し、委託者が受益権を取得します。

② 売掛債権の移転

　委託者が受託者に対して売掛債権を移転します。

③ 売掛債権の回収・支払い

　受託者が売掛債権の回収を行い、債務者が支払います。

　売掛債権の回収業務は受託者が行いますが、受託者と委託者の間で事務委任契約を結び、委託者が売掛債権の回収業務を行い、回収代金を受託者に引渡すこともできます。

　通常は、債権譲渡通知手続きの煩雑さを考慮して、委託者に回収業務を委任します。

251

④ 給付
　受託者は売掛債権回収金から信託報酬・諸経費を控除した残額を信託利益として受益者に給付します。
⑤ 受益権の譲渡と代金
　委託者兼受益者は第三者の投資家に受益権を譲渡して、資金調達します。

2　自己信託による資金調達（参考）
自己信託方式による簡便な資金調達方法もあります。

図表8-2　売掛債権信託（自己信託）

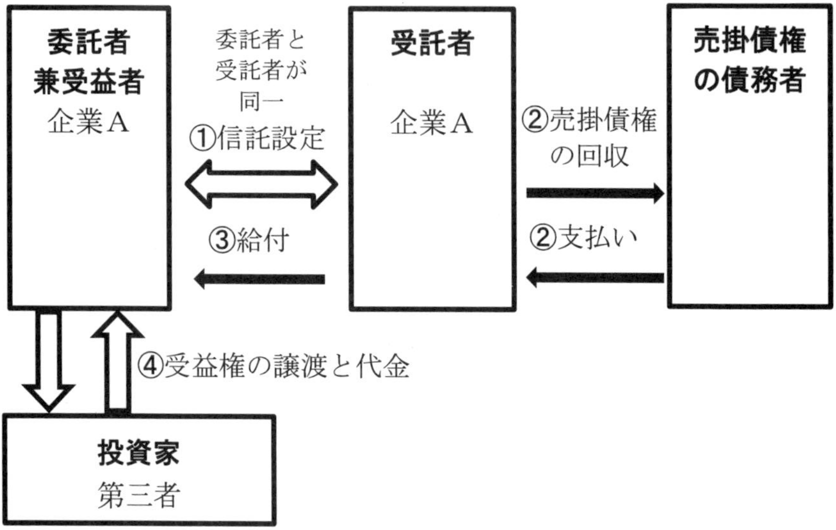

① 信託設定
　委託者（企業A）の意思表示による信託設定で、公正証書によって行う場合は、公正証書の作成時に信託の効力を生じます。
　なお、当初は委託者が受益権を取得します。
② 売掛債権の回収・支払い
　受託者が売掛債権の回収を行い、債務者が支払います。

③ 給付
　受託者は売掛債権回収金から信託報酬・諸経費を控除した残額を信託利益として受益者に給付します。
④ 受益権の譲渡と代金
　委託者兼受益者は第三者の投資家に受益権を譲渡して、資金調達を行います。

事例12 不動産信託による資金調達

　所有不動産を信託し、受益権を譲渡する資金調達方法は、商事信託で20年ほど前から盛んに行われています。

1　スキーム

図表8-3　不動産信託を活用した資金調達

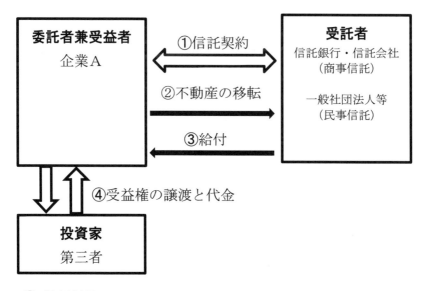

①　信託契約

　委託者（企業Ａ）が受託者（信託銀行、信託会社、一般社団法人等）と信託契約を結びます。

　以降、受託者が不動産の管理・処分等を行います。

　自益信託を設定し、委託者が受益権を取得します。

②　不動産の移転

　委託者が受託者に対して不動産を移転します。

③ 給付

受託者は不動産から生じた収益から、信託報酬・諸経費を控除した残額を信託利益として受益者に給付します。

④ 受益権の譲渡と代金

委託者兼受益者は第三者の投資家に受益権を譲渡して、資金調達します。

2　他の資金調達との違い

不動産を利用した資金調達には、不動産担保借入や売却があります。

① 不動産担保借入

企業業績の影響を受け、不動産の価値に見合った借入金額、借入期間、金利を達成できず、ロスのある調達になりがちです。

② 売却

不動産を手放すことになり、将来不動産を取戻すことが確実ではありません。

以上の資金調達方法と比較して、信託では不動産の価値を活かした調達が可能になります。

事例13 事業型信託（土地信託）

　商事信託の伝統的な信託に事業型信託があります。

　土地の事業ノウハウを持つ受託者（信託銀行など）が、信託された土地で、賃貸事業や分譲事業を行うので、事業型信託と言います。

　受託者は信託された土地の事業計画を作り、信託勘定で資金調達を行い、ビル、マンション等の建物を建設します。

　建物竣工後は賃貸事業や分譲事業を行い、信託利益を受益者に給付します。

　委託者は、価値のある土地を所有しているものの、有効利用ができていない地権者が想定されます。

1　スキーム

図表8-4　事業型信託（土地信託）

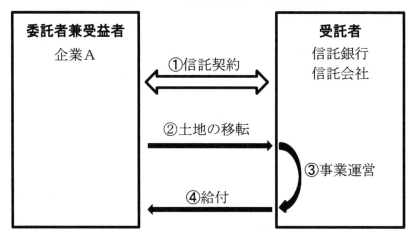

① 信託契約

　委託者（企業Ａ）が受託者（信託銀行、信託会社）と信託契約を結びます。自益信託を設定し、委託者が受益権を取得します。

② 土地の移転

　委託者が受託者に対して土地を移転します。

　受託者は信託勘定で資金調達を行い、ビル、マンション等を建設します。

③ 事業運営

　受託者が、竣工後の管理・処分等を行い、事業を運営します。

④ 給付

　受託者は、ビル、マンションから生じた収益から、信託報酬・諸経費を控除した残額を信託利益として受益者に給付します。

事例14 事業信託1

1 事業信託

　事業信託は、特定の事業を信託の対象とすることです。

　信託できる財産は、積極財産（プラスの財産）に限られ、債務等消極財産（マイナスの財産）は委託者のところに残るのですが、信託法改正で、受託者が引受ける債務を信託財産責任負担債務とすることが可能になりました。

　これにより、特定の事業に含まれる積極財産を信託し、消極財産を債務引受けすることで、実質的に事業を信託したのと同じ状態が作りだされます。

　なお、事業とは、事務所、建物、土地、機械、商品、仕掛品、債権、現預金、ノウハウ、各種契約、借入金、買掛金等債務、従業員との雇用関係等の集合体のことです。

2 スキーム

図表8-5　事業信託1

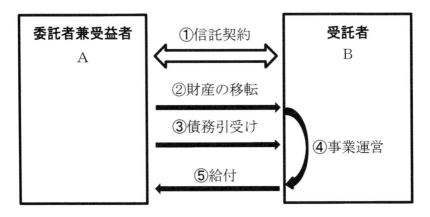

① 信託契約

　委託者（A）が受託者（B）と信託契約を結びます。

自益信託を設定し、委託者が受益権を取得します。

② 財産の移転

委託者が受託者に対して事業性のある財産（積極財産）を移転します。

③ 債務引受け

受託者が信託財産を引当とする委託者の債務（消極財産）を引き受けます。

④ 事業運営

受託者が事業運営を行います。

受託者が、積極財産と消極財産が一体となった事業を運営するので、委託者の特定の事業を信託したのと実質的に同じ状態になります。

⑤ 給付

受託者は、事業運営で生じた収益から、信託報酬・諸経費を控除した残額を信託利益として受益者に給付します。

3 事業型信託との違い

事業信託は、事業型信託（事例13）と似た用語です。

ともに受託者が、信託財産を使って事業を営む信託ですが、次のような違いがあります（比較しやすい不動産賃貸業で説明します。）。

① 事業型信託

委託者は積極財産（土地）のみを信託し、受託者が資金調達し、建物を建て、不動産賃貸業を営みます。

② 事業信託

既に稼働している不動産賃貸業（一定の営業目的のために組織化され、有機的一体として機能する財産）の信託で、事業財産の移転、債務引受けや契約上の地位の譲渡といった手続きによって受託者に移転します。

事例 15 事業信託 2

　事業信託は不動産賃貸業のように、事業と債務の紐付けがはっきりしている事業ほど利用しやすくなります。

　また、規模が大きく、間接部門を抱える企業よりも、単一事業の個人事業や小規模企業での利用可能性があります。

　本事例では、個人事業者が病気等で、中長期間、事業を遂行できなくなったときに、同業者に事業信託して、事業を任せるケースを考えます。

1　スキーム

図表 8-6　事業信託 2

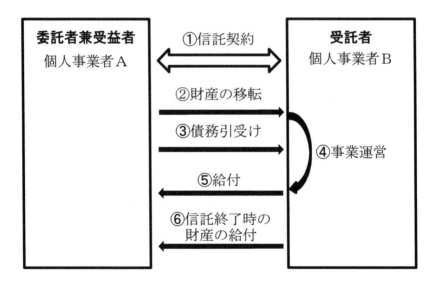

① 信託契約

　委託者（個人事業者A）が受託者（個人事業者B）と信託契約を結びます。

　自益信託を設定し、委託者が受益権を取得します。

② 財産の移転

委託者が受託者に対して事業性のある財産（積極財産）を移転します。

③ 債務引受け

受託者が信託財産を引当とする委託者の債務（消極財産）を引き受けます。

④ 事業運営

受託者が事業運営を行います。

受託者が、積極財産と消極財産が一体となった事業を運営するので、委託者の特定の事業を信託したのと実質的に同じ状態になります。

⑤ 給付

受託者は、事業運営で生じた収益から、信託報酬・諸経費を控除した残額を信託利益として受益者に給付します。

委託者は、受託者に事業運営を委ねることができる上、受益者として、事業利益の一部を確保できます（ただし、事業利益が赤字となった場合には給付はありません。）。

⑥ 信託終了時の財産の給付

あらかじめ定めておくことで、委託者が事業を取り戻せます。

2　事業譲渡と事業信託の違い

① 事業譲渡

事業そのものを手放すことになるので、事業主が病気等から回復した時に、事業の返還を受けることはできません。

② 事業信託

受託者がピンチヒッターとして事業を遂行し、事業主が病気等から回復した時に信託を終了させ、事業を取り戻して再開することができます。

3　事業信託から事業譲渡へ

　事業の譲受側が、事業信託の受託者として、一定期間事業を行い、結果次第で正式な譲渡契約に進むことも可能になります。

　事業譲渡の前段階として、事業信託での試用期間があることは、譲渡側、譲受側双方にメリットがあります。

4　士業と事業信託

　事業信託は、個人事業者の中でも、士業での利用が考えられます。

　例えば、本事例のように病気等で中長期的に事業を遂行できなくなった場合に、同業者に事業信託して、事業を任せることが可能になります。

　引退で事業を引き継ぐ場合に、後継者の能力を見極める期間を持つことができ、引継ぎのソフトランディングと信託利益の給付を受けることが可能になります。

　コンプライアンスチェックは必要ですが、各士業の承継方法として有力になる可能性があります。

事例16 知的財産権信託（管理目的）

　特許権、著作権、実用新案権、意匠権、商標権等、法令により定められた知的財産権も信託財産になります。

　知的財産権信託は、企業（個人）が保有する知的財産権を信託し、受託者が信託目的に従って管理・運用を行うものです。

　信託目的は、管理と資金調達になりますが、本事例では管理目的の知的財産権信託について説明します。

1　知的財産権の集中管理

　グループ内企業が保有している知的財産権の集中管理を行う場合、グループ内の知的財産権管理会社に譲渡する方法があります。

　知的財産権管理会社がグループ内企業に譲渡対価を支払い、譲受した知的財産権のライセンス先選定や契約を行います。

　この方法では知的財産権の譲渡対価を決めなければならず、難易度の高い作業になりますが、信託を使うと、知的財産権の対価を決める必要がありません。

2　スキーム

図表8-7　知的財産権信託（管理目的）

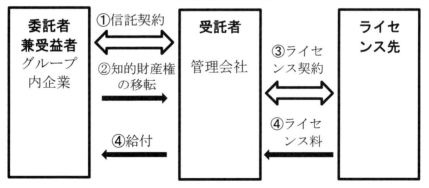

① 信託契約

　委託者（グループ内企業）が受託者（グループ内知的財産権管理会社）と信託契約を結びます。

　自益信託を設定し、委託者が受益権を取得します。

② 知的財産権の移転

　委託者が受託者に対して知的財産権を移転します。

③ ライセンス契約

　知的財産権の管理・運用は受託者が行います。

　受託者がライセンス契約を結びますが、委託者が関与したい場合は信託契約でその旨を定めておきます。

④ ライセンス料・給付

　受託者はライセンス料を受け取り、信託報酬・諸経費を控除した残額を信託利益として受益者に給付します。

3　商事信託の利用

商事信託では、信託銀行を受託者とする実績があります。

図表8-8　知的財産権信託（商事信託）

委託者兼受益者 企業	①信託契約 ②知的財産権の移転 ④給付	受託者 信託銀行	③ライセンス契約 ④ライセンス料	ライセンス先

事例17 知的財産権信託(資金調達目的)

　知的財産権信託による資金調達は、知的財産権が生みだすキャッシュフローを裏づけにした受益権を投資家に売却する仕組みです。

1　スキーム

図表8-9　知的財産権信託（資金調達目的）

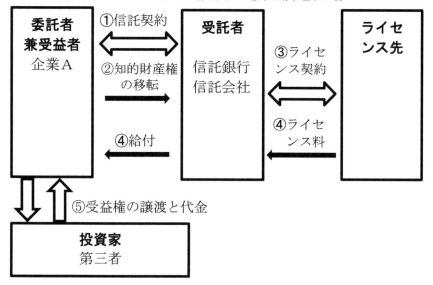

① 信託契約

　委託者（企業Ａ）が受託者（信託銀行、信託会社）と信託契約を結びます。

　自益信託を設定し、委託者が受益権を取得します。

② 知的財産権の移転

　委託者が受託者に対して知的財産権を移転します。

③ ライセンス契約

　知的財産権の管理・運用は受託者が行います。

　受託者がライセンス契約を結びますが、委託者が関与したい場合は信託契約でその旨を定めておきます。

④ ライセンス料・給付

　受託者はライセンス料を受け取り、信託報酬・諸経費を控除した残額を信託利益として受益者に給付します。

⑤ 受益権の譲渡と代金

　委託者兼受益者は第三者の投資家に受益権を譲渡して、資金調達します。

2　他の資金調達との違い

　知的財産権を利用した資金調達には、知的財産権を担保にした借入や売却があります。

① 知的財産権を担保にした借入

　担保評価及び担保処分が難しく、金融機関にとって難易度の高い貸出です。

② 売却

　知的財産権を手放すことになり、実行する場合には知的財産権の評価が必要になります。

おわりに

　本書を読んでいただきありがとうございました。

　事業承継、経営者の認知症対策を中心に、中小企業向け信託を紹介してきました。

　事業承継において、民法の伝統的な方法では時代の流れに対応できなくなってきており、信託を検討することが欠かせなくなってきています。

　経営者の認知症対策においては、問題の多い法定後見制度の利用はできるだけ回避し、任意後見制度や信託を利用することを勧めてきましたが、家庭裁判所の関与を受ける任意後見制度よりも信託の方がより柔軟な対応が可能になります。

　ただ、信託を利用したいと考えても、身近に相談できる信託の専門職が少なく、加えて中小企業に精通した専門職となると、より限定的になる現実があります。

　誰もが信託を使えるようになって10年以上が経過し、利用したいと考える人が増えていますが、まだまだ「誰に頼んだらいいのかわからない問題」が残り、信託のメリットが活かされていないのはもったいないことです。

　この問題の解決には、もう少し時間がかかりそうですが、確実に供給網は整備されてきており、将来は中小企業のさまざまな問題の解決方法として、信託が活用されると期待されます。

　本書を読まれた中小企業関係者各位が信託を活用して、さまざまな問題を解決されることを祈っています。

参考文献

◆ 寺本昌広『逐条解説 新しい信託法』商事法務.
◆ 遠藤英嗣『全訂 新しい家族信託』日本加除出版.
◆ 遠藤英嗣『家族信託契約』日本加除出版.
◆ 新井誠『信託法 第4版』有斐閣.
◆ 宮田房枝『そこが知りたかった！民事信託Q＆A100』中央経済社.
◆ 品川芳宣編著・野村資産承継研究所『平成30年度税制・通達改正対応 事業承継対策ガイドブック』ぎょうせい.
◆ 中小企業基盤整備機構『事業承継関連法の解説』.
◆ 中小企業庁編『中小企業白書 小規模企業白書』.
◆ 家庭裁判所『成年後見制度 −利用をお考えのあなたへ‐』.
◆ 法務省民事局『いざという時のために 知って安心 成年後見制度 成年後見登記制度』.

事項索引

273

274

す

せ

276

278

279

著者紹介

岡 内 誠 治（おかうち せいじ）
岡内トラスト研究所代表
香川県高松市生まれ
東京大学経済学部卒業後、信託銀行勤務
中小企業診断士、行政書士、宅地建物取引士
１級ファイナンシャル・プランニング技能士などの資格を取得
現在は、事業承継信託、知的障がい者支援信託を中心に活動

岡内トラスト研究所
〒272-0111 千葉県市川市妙典 5-13-33 A&Y ビル 3F-18
e-mail: info@okauchitrust.com
URL: https://www.okauchitrust.com/

中小企業診断士×事業承継信託

2021 年 11 月 30 日　初版　第一刷発行
著者　　　岡内 誠治
発行者　　谷村 勇輔
発行所　　ブイツーソリューション
　　　　　〒466-0848 名古屋市昭和区長戸町 4-40
　　　　　電話　　052-799-7391
　　　　　ＦＡＸ　052-799-7984
発売元　　星雲社（共同出版社・流通責任出版社）
　　　　　〒112-0005 東京都文京区水道 1-3-30
　　　　　電話　　03-3868-3275
　　　　　ＦＡＸ　03-3868-6588
印刷所　　富士リプロ
万一、落丁乱丁のある場合は送料当社負担でお取替えいたします。
小社宛にお送りください。
定価はカバーに表示してあります。
©Seiji Okauchi 2021 Printed in Japan　ISBN 978-4-434-29718-2